# REMOTE WORK MANAGEMENT

# リモートワークマネジメント

距離と孤独を乗り越える強いチームづくり

セダール・ニーリー 著
山本 泉 訳

アルク

ローレンス、ゲイブ、ダニエルへ
あなたたちがいつもボーダーレスな世界で生きられることを願って

『リモートワーク・マネジメント　距離と孤独を乗り越える強いチームづくり』目次

## 第3章 リモートチームの生産性を上げるには

# 第6章 グローバルチームが文化や言葉の違いを超えて成果を上げるには

※本文中の［　］は訳注を表す。

# はじめに

２０２０年初頭、肉眼では見えない病原体の出現によって、世界中の働き手がリモートワークへの急激な移行を余儀なくされました。コロナウイルスの発生とともに、中国からカタール、インドからオーストラリア、ブラジルからナイジェリアまで、至るところで働き手がオフィスを引き払い、自宅に仕事場を設けました。それにともない、これまでは便利な補完的コミュニケーション手段という位置づけだったズーム、マイクロソフト・チームズ、グーグル・チャット、スラックといったデジタルツールが、同僚との主たる日常的連絡手段へと昇格しました。

前代未聞の急展開です。しかしリモートワークという働き方そのものは、決して目新しいものではありません。ローカル企業でもグローバル企業でも、すでに30年近く前から実施されています。当然というべきか、リモートワークがはらむ可能性にいち早く着目したのはハイテク企業でした。ＩＴ大手のシスコシステムズ社が、初の本格的なリモートワーク体制をシリコンバレーで立ち上げたのが１９９３年のことです。社員は在宅ワークやフレックスタイム勤務をし、社外からブロードバンド回線経由でオフィスとやりとりしました。シスコ社によれば、リモートプログラム開始から10年を経た2003年には累積コスト削減額が1億9500万ドルに達し、社員の生産性も改善しました。いずれも、少なくとも部分的にはリモートワークの効果だというのが同社の分析です。また1990年代後半には、当時はまだ新興だったサン・マイクロシステムズ社が、グローバル化戦略の一環として、全社員の35%を対象に任意参加のバーチャルワーク制度をスタートしました。以後10年も経たないうちにサン社は、カリフォルニア州内に所有していたオフィス物件（面積にして260万平方フィート〔約24万平方メートル〕）の15%を手放して5億ドルのコスト減を達成する一方で、世界各地の市場近くに拠点を構えるべく、グローバルな分散型チームを導入しました。

以来、グローバルなチームワークという仕事のあり方は――ということはリモートワークの必要性も――、驚くべき速さで拡大を続けています。ハイテク企業の最先端の試みとして始まったものが、いまやほぼあらゆる業界にとって必須となりました。米国を拠点とする多国籍企業だけでも、2000~2015年の米国内採用社員数が430万人だったのに対し、国外採用社員は620万人に達しました。つまり、米国本社とやりとりするにはデジタルテクノロジーを使うしかない社員が何百、何千万人もいることになります。加えて、米国内にはいるものの、オフィスからやや離れた自宅でリモート勤務する社員も相当な数にのぼります。シンクタンクのマッキンゼー・グローバル・インスティテュートの予想によれば、2030年には全世界の総労働人口が35億人に達します。リモートワークは今後ますます浸透していくでしょう。これからはリモートワークの時代です。

しかし以上のトレンドも予測も、コロナの世界的大流行によって企業が軒並み、わずか数週間のうちにいっせいにリモートワークへ移行する事態までは織り込んでいませんでした。突如として勃発した深刻なアウトブレイクが、遅々として進まなかったリモートワーク革命を加速しました。読者のみなさんもおそらく、この一大リモート革命に巻き込まれているのではないでしょうか。企業各社は、新たに発生したバーチャル労働力向けにクラウド、ストレージ、サイバーセキュリティといったデジタルリソースや、各種のデバイスやツールの利用を急いで推進せざるを得なくなりました。その結果、世界中の働き手や組織の行く手には、これまでなら考えられなかったような無限の可能性が開かれています。

リモートワークが秘める可能性を垣間見たいま、企業の中には日常業務の一部を恒久的にリモート化するところも出てくるでしょう。リサーチ企業、ガートナー・リサーチが2020年4月に実施したアンケート調査では、回答した317社中74%が、コロナ終息後も無期限にリモートワーク体制を強化していくつもりだと述べました。フェイスブック社では、今後10年間で社員のゆうに半数を、徐々に在宅ワーカーへ切り替えていく計画です。ストックホルムに本社のあるファッションブランド、CDLP社の再編計画では、全世界の社員の50％をリモート勤務へシフトする方針です。JPモルガン・チェース銀行は、トレーダーを在宅ワークに移行させたら生産性が3倍になったとして、リモートワークの恒久化を検討中だと発表しました。スイスのUBS銀行はすでに、社員の3分の1を無期限リモートワーカー化する予定でいます。ヨーロッパ第二の自動車メーカー、PSAグループは、「アジリティ（機敏）新時代」のスローガンのもと、製造部門以外のスタッフをリモートへ移行させると発表しました。米IT企業ボックス社は、パンデミック終息後も全社員の15％余りを完全リモート化する計画を立てています。仮想通貨取引所コインベースも、今後は「リモート第一」企業を目指すと宣言し、コロナによる自宅待機令解除後も社員の20～60％を引き続きリモート勤務とし、いずれはもっと増やしていくと述べました。ニールセン・リサーチ社のニューヨーク本社では、社員全3000人を週の大半はリモート勤務にする予定です。米ネイションワイド保険会社は、ロックダウン中も社員のパフォーマンス低下はみられなかった一方、営業費を節約できたとして、今後は事業所全20カ所中16カ所の社員をリモートワークへ移行させると発表しました。タタ・コンサルタンシー・サービシズでは、2025年までに全社員の約75％をリモート化する計画です。他のインド系多国籍企業も同様で、インフォシス社とHCLテクノロジーズ社はそれぞれ社員の35～50％ないし半数を、パンデミック終結後もリモート勤務させる予定だとのことです。同じような例はいくらでも挙げられます。

ツイッター社と決済会社スクエアは、どちらもジャック・ドーシーがCEOを務める米国企業ですが、勤務時間の一部リモート化や期間限定のリモート化にとどまらず、希望した社員に「生涯」在宅勤務を認めるという思いきった挙に出ました。コミュニケーションサービスを提供するスラック社やネットショップサービスのショッピファイ社なども追随し、無期限リモートワーク体制の対象を社員の大半に広げるつもりだと発表しています。新興の米デベロッパー、カルデサックはさらに踏み込んで、サンフランシスコ本社を閉鎖して全面的リモートワーク体制に切り替えると宣言しました。「ホームレス」な新しいノマドワーカー文化を生み出せればとの期待からです。時代の流れに乗る企業は今後も増える一方でしょう。

読者のみなさんもすでにお気づきでしょうが、リモートワークに数々のメリットがあることは明らかです。通勤時間は消え失せます。営業費はばっさり減らせます。膨れ上がった出張予算はもう不要です。社員を採用ないし雇用継続する際に、いま住んでいる国や街から引っ越してもらう必要がなくなり、国境を越えた転勤問題が解消します。地域によっては天文学的に高いオフィス物件コストも、大幅にカットできる可能性があります。不況下ではありがたい話です。社会問題、例えば農村部と都市部の貧富の差が解消すると同時に、埋もれていた労働力プールを企業が活用できる見通しも出てきます。産休社員向けのリモートワーク制度を工夫すれば、男女格差が縮まることも期待できます。リモート化で排ガスが減れば、環境の持続可能性にも少なからずプラスになるでしょう。

しかし世界中の働き手やビジネスリーダーにとって、慣れないリモートワークは決して万能薬とはいえません。みなさんも、バーチャル体制ならではの数々の課題を一部なりとも体験済みではないでしょうか。孤独だとか、同僚と足並みが揃わないとか、同僚の姿が見えないと感じているのは自分だけではありません。職場仲間と日常的に顔を合わせることなく過ごす時間が長引くにつれて、同僚との絆や、信頼関係や、方向性の一致（アラインメント）への不安が心に巣食い、どんどん膨れ上がっていきます。ビデオ会議のせいでチームメンバーが「テクノロジー疲れ」を起こす場合は、チーム内のコミュニケーションに最適なデジタルツールをどう選べばいいかという問題が出てきます。いや、そんなことよりどういう業務スケジュールを組めば時間を最適化できるのか、自宅にいるとついつい気が散ってしまうのをどうすれば防げるのか、という解明の方が切実な問題だという人もいるでしょう。「アジャイルチーム［少人数で効率よく活動するプロジェクトチーム。詳しくは第5章を参照］」においては、全員が同じ職場にいたからこそ可能だった、密なチームワークを前提とした業務プロセスを、リモート環境向けに修正する必要が出てきます。リモートチームのリーダーにとっては、離れたところにいる部下のやる気や生産性をどうやって維持するか、仕事の進捗をどうやって監督するかという心配があるでしょう。グローバルなリモートチームの場合は、メンバーが必然的に複数の地域や文化にまたがって存在しているため、国を越えてチームの絆を深め、有効に連携することにまつわる問題が山積みです。何よりも、コロナウイルスの出現によって、あらゆるリーダーシップはグローバルであることが鮮明に浮き彫りになりました。なぜなら世界はすべてつながり合っているからです。したがってリモートワーク革命の時代には、グローバル危機への備えや迅速な対応を常に念頭に置いておく必要があります。

本書『リモートワーク・マネジメント』の目的は、いま挙げた数々の差し迫った懸念に対して証拠に基づいて答えを出すこと、そしてチームのリーダーとメンバーの両方が主要なベストプラクティスを取り入れて実行できるよう、実践的ガイダンスを提供することにあります。本書を活用して知識やスキルを積み重ねることで、チームもリーダーも従来の働き方から脱却し、自分自身にとっても所属のグループや組織全体にとってもプラスになる行動を長期的に実践できるようになるはずです。本書では臨場感のあるエピソードをふんだんに交えつつ、リモートワーク環境で生じるさまざまな問題を取り上げていきます。どれも、リモートチームが持ち前のポテンシャルを最大限に発揮しようと思ったら乗り越えなくてはならない問題ばかりです。各章で、心理学、社会学、テクノロジー等の権威による研究成果の中から、リモートワークの成功にとって重要なものを紹介していきます。

私は20年近くの長きにわたって、リモートワークやグローバル組織の研究に打ち込んできました。最初はスタンフォード大の大学院生として、後にはハーバード・ビジネス・スクール教授として、企業各社の何千ものグローバルチームを対象に研究、講義、コンサルティング活動、諮問委員としての活動、ケーススタディ執筆等を行ってきました。対象企業の本社所在国はフランス、ドイツ、日本、米国、関わった子会社の所在国はオーストラリア、ブラジル、チリ、中国、フランス、ドイツ、インド、インドネシア、イタリア、日本、韓国、メキシコ、ロシア、シンガポール、スペイン、台湾、タイ、イギリス、米国と広範囲にわたります。研究の中で悟ったのは、疑問に答えを出すだけでは十分ではない、ということです。リモートワークに関する本や論文はたくさんありますが、疑問はあとからあとから出てきます。リモートワークについての情報や答えを提供するだけでは、大事な考え方が定着したり、働き手や企業の行動が恒久的に変わったりすることは望めません。みな、日常業務に戻ればあっという間に元のルーティーンに舞い戻ってしまいます。そしてストレスをため込み、なぜうちのチームは結束が足りないのかと首をかしげることになります。

そのため本書は、内容面でも構成面でも、以下で紹介するベストプラクティスをリモートチームのリーダーとメンバーが吸収し実践していく中で、チームが結束を強め成長していけるようなつくりになっています。私がコンサルティング活動や諮問委員会活動を通して学んだのは、リモートチームの持続的成功に資するような価値観や規範や行動を定着させたいなら、日々の業務に自然に取り込んで習慣化できるような地道なコンテンツを提供するのがいちばん効果的だということです。できれば本書の主な内容をまずはリーダーが率先して実践し、リモートワーク成功に必要な諸条件にメンバーの目を向けさせるのが理想です。時間をかけて知見を積み重ねていくことで、リーダーとメンバーの双方がバーチャルチームワークのスキルを強化でき、これまでは手の届かなかったような成果を達成できるはずです。本書の一部でも全部でもいいのでチーム全員で一緒に目を通していただければ、メンバー間で用語やベストプラクティスを共有できるでしょう。

本書の内容をマスターできるように、末尾に「エクササイズ」と題して、各章に対応した簡単な、かつバラエティに富んだ演習を収録しました。ジムへ通って体を鍛えるのと同じで、復習することで記憶力が鍛えられ、エクササイズを通じてチームの結束も強化できます。どのエクササイズでも、リーダーやメンバーに各章記載の情報をみずから実践していただきます。一度読んだだけでは頭から消えてしまう情報も、これをやることで脳裏に定着していきます。本書で紹介したベストプラクティスを、振り返り・記入・分析・実践という段階を踏んでおさらいできる仕組みです。

コロナウイルスによって世界的に急激なリモート化が進む中で本書の完成が早まった面はありますが、執筆はコロナ以前からすでにかなり進めていました。したがって本書中の考察やアドバイスは、決して拙速に活字にしたものではありません。また、一時的な応急手当てでもありません。本書で紹介している、信頼、生産性、デジタルツール、リーダーシップ、成功などに関わる行動やベストプラクティスは、長年かけて見出したものです。一見、導入が難しそうに思えるものもあるでしょう。そんなときは、いまは自分も同僚も、将来のためにどうしても必要な、長持ちする土台を築いている途中なのだと考えましょう。この先、社会が100%リモートであり続けることはないでしょう。グローバルに分散したリモートワークは、長期的には働き方の主な選択肢の一つとして定着するものと思われます。そして個々人の守備範囲やスキルやパフォーマンスを拡大し、働き手と組織の両方をもっともっと成長させてくれることでしょう。

第1章

# リモートチームを軌道に乗せるローンチ（リローンチ）・ミーティングの開き方

How Can We (Re)Launch to Thrive in Remote Work?

ジェームズは自宅の仕事部屋の椅子に力なく体を預けて、ヘッドホンから流れてくる顧客の声に耳を傾けました。「君のせいでうちの子どもたちの将来が台無しだ」と言うクリフの声には、怒りと失望の響きがありました。「我が子のために何年も貯金してきたんだぞ。どうしてこんなことになるんだ？　君を信用してたのに。こっちの手落ちだとは言わせないからな」

ジェームズには言うべき言葉が見つかりませんでした。米国でも屈指の急成長を遂げつつある住宅用不動産仲介会社に勤めるジェームズには、クリフの言うとおりだとわかっていました。クリフ一家にマイホームの夢をかなえさせてあげられるという自信があったのに、顧客の信頼を裏切ってしまったのです。後悔と罪悪感に身がすくむ思いで、「申し訳ございません」と言うのがやっとでした。「本当に、申し訳ございません」

人生初のマイホームを検討中という典型的顧客であるクリフは、この仕事をやっていてよかった、とジェームズに実感させるような人物でした。でもどんなに謝罪しても、ジェームズのチームが犯した過ちの埋め合わせにはなりません。通話が終わるとジェームズは椅子にさらに深く体を預けて、どこでへまをやったのかを突き止めようとしました。

ジェームズは、クリフと初めて話したときのことを思い出しました。電話越しのやりとりでした。社会人になってこのかた、苦労して稼いだ中からこつこつ貯金してきたとクリフは言いました。そのためにバカンスを諦めることになってもです。続く数週間というものジェームズは、高価で競争の激しいカリフォルニアの不動産市場に向けるクリフの鋭い観察眼と、一家に最適なマイホームを探そうとする彼の熱意と断固たる決意に感銘を受けました。目指すは妻と3人の子どもたちにとって十分な広さがあり、近所によい学校があるような物件です。申請書や証明書の提出を依頼すると、クリフはあっという間に作成してくれました。住宅ローンの申請が通ったと知らせたときの、クリフの嬉しそうな声といったら！

彼は、ジェームズがこれまでにさんざんお目にかかってきたような不満たらたらの顧客ではありませんでした。ローンの申請手続きが思ったように進まなくても、辛抱強く待っていてくれました。ジェームズはクリフにこう報告できてよかったと思いました。「あなたのローンの金利は固定です。大丈夫、万事順調ですよ。来週お電話したとき、ローン契約の締結日を決めましょう」

「楽しみだなあ」とクリフは答えました。「もうマイホームの鍵の感触を手に抱くほどだよ」

不動産業界は水物です。クリフとの電話の後で、状況が一変しました。ジェームズにとっても、ジェームズの指揮下でクリフの住宅ローン申請手続きを担当しているリモートチームにとってもです。金利が変更になり、その結果、ローン契約を取りつけようとするお客が殺到し、申請件数が急増しました。ジェームズのチームには、ローンを組みたいという顧客が押し寄せました。にわかに忙しくなって、チームの対応は残念ながら後手後手に回りました。

1週間が過ぎ、2週間が過ぎました。クリフがまた電話をしてきて、進捗はどうかと尋ねました。「チーム全員が、融資資金調達と契約締結の日程調整に向けて邁進しております」とジェームズは応じました。なるべく自信ありげな口調で話そうと努めました。「社内の書類手続きが完了し次第、メールでご連絡しますよ」。クリフの案件の実務を担当しているメンバーと最後に話してからどれくらい経つか、チーム全員がいかに多忙をきわめているかには触れませんでした。

そして今日の電話です。ジェームズの心は沈みました。クリフによれば、思いがけず収入が減ったといいます。彼の勤める会社が、解雇を避けるため、クリフのレベルの社員全員の給与25%カットを決めたのです。クリフの声は怒りで震えていました。「言うまでもないが、これで私の所得額はローン申請条件を満たさないことになる。申し分のないクレジットカード履歴があってもだ。先週までならまだ条件をクリアしていたのに！　君たちがこんなにぐずぐずしていなかったら、いまごろはマイホームの鍵を手にしていたはずなんだ！」

ジェームズとしては、クリフがチャンスを逃したのを変動激しい不動産業界のせいにしたいのは山々でしたが、そうでないことはわかっていました。彼のリモートチームに状況変化に対応する備えがなく、手続きがずるずると遅れた結果、顧客の期待に応えられなかったというのが真相です。チームメンバーが認識を共有してさえいれば。時間を割いてチームミーティングを開き、ローン需要増に対応できるようなチームプランを立ててさえいれば。せめて半日でもいいから業務の見直しと再編成にあてていれば、つまり「リローンチ・ミーティング」を開いてさえいれば、事態は違っていたでしょう。

チームの「ローンチ（立ち上げ／キックオフ）・ミーティング」、そして定期的な「リローンチ（見直し）・ミーティング」こと「リアプレイザル（再評価）・ミーティング」とは、目の前の業務ニーズに応じたチームプランを明確化する場で、リモートチームにとっては不可欠です。メンバーが各地に散らばっているリモートチームでは、仕事を進めるためには明確なプランが必要だからです。ジェームズのチームをみればわかるように、お互いの姿が見えないと、ほんのちょっとしたつまずきをきっかけにチームの足並みが乱れてしまう危険があります。

ローンチ（リローンチ）・ミーティングを開くと聞けば、一見違和感をおぼえるかもしれません。過密な業務スケジュールの真っただ中で、どっちを向いても締め切りだらけという状況で、チームワークを実際に進めるならまだしも、チームワークについて話し合うなんて時間のムダではないか？　ジェームズに限らずたいていの人は、時間に追われるととにかく仕事のペースを上げて対応しようとし、一瞬たりとも立ち止まって考えようとはしません。

しかし実は、これほど見当違いな発想はありません。効率的チームワークの研究のパイオニアであるＪ・リチャード・ハックマン（彼については後で詳しく触れます）は、長年の研究の結果、実際の日常的チームワークはチームの全活動の氷山の一角――正確にいえば10％――にすぎないことを発見しました。そして「60・30・10の法則」を提唱しました。チームの成果の60％は「プリワーク（事前準備）」、つまりチームの設計によって決まる。成果の30％は、立ち上げ時のローンチ・ミーティングによって決まる。そして日々の実際のチームワークによって決まるのは、成果のわずか10％にすぎないというのです。

どんなチームでも、適切なローンチ・ミーティングを怠ればはかばかしい成果は上がりません。チーム――コロケート〔同僚同士が同じ職場で働く勤務形態〕であれ、リモートであれ、両者の混合形態であれ――が与えられたタスクを遂行するためには、正しい材料と正しい準備が必要です。わかりきったことのように思えるかもしれませんが、この点は先ほど述べた理由からとかく見逃されがちです。「プリワーク」は、どういう形のチームにするか――果たすべき機能やメンバー構成や設計等――を決めるものなので、チームの誕生前に行います。これに対して、チームが誕生した瞬間に行うのがローンチです。ハックマンの言葉を借りれば、ローンチ・ミーティングとは、チームとしてどのように業務を進めていけば最大限の成果を上げられるかをメンバー全員が理解し、合意することで、チームに「命を吹き込む」プロセスです。一刻も早く仕事にかかりたいあまり、ローンチ・ステップをすっ飛ばしたりおざなりに済ませたりすると、あとあと方向性を見失ったり行き詰まったりしてしまいがちです。

ローンチ（や定期的なリローンチ）・ミーティングは、チームの全行程を通じてパフォーマンスの牽引力となります。リローンチは、リモートチームの結束を保つ上で重要な役目を果たします。リローンチの重要性がいっそう増すのが、それまでコロケートだったチームがリモートへ移行するときです。コロナウイルスのような事情があればなおさらです。チームリーダーとしては、リモート化したら定期的なリローンチ・ミーティングを減らすのではなく、むしろ積極的に増やすべきです。1回のローンチにかける時間は普通、1時間〜1時間半ぐらいです。2回に分けて開いてもよいでしょう。リローンチにはメンバー全員が出席し、率直に議論し、チームワークの最善のあり方について意見を出し合うべきです。リモートワークの場合はビデオ会議形式にして、デジタルテクノロジーが許す限りメンバー同士が交流できるようにすべきです。

本章では、ローンチ（リローンチ）・ミーティングの理論と実践についてみていきます。具体的には、次に挙げるチームワークの四つの基本条件に沿って説明します。この4点について、メンバー全員の認識を一致させることが必要です。

１　チーム目標を明確化し共有する。
２　個々のメンバーが果たす役割や抱える制約についての理解を共有する。
３　予算や情報等、利用できるリソースについての理解を共有する。
４　チームワーク円滑化のための規範を共有する。

四つの基本条件のどれも、「共有する」で終わっていることにお気づきでしょう。理由は、ローンチ・ミーティングの最大の目標が、メンバーの「方向性の一致（アラインメント）」だからです。

一方、リローンチ・ミーティングは、いま挙げた4条件をチームがどの程度クリアしているかを定期的にチェックする場です。よく冗談で言うのですが、リローンチ・ミーティングはデートのようなものです。リローンチもデートも、当事者が大事なポイントを再確認し、チームないしカップルの現在や過去や将来を点検して、順調な部分や修正が必要な部分を洗い出すところが共通しているからです。原則として、少なくとも四半期に1回はリローンチ・ミーティングを開き、現状を見直すべきです。私の経験によれば、リモートワークの場合は6～8週間ごとにリローンチを実施し、状況変化に応じて方向づけや方向修正を行うことが、コロケートワーク以上に大切です。リローンチの席では、リモートチームのリーダーやメンバーがお互いのやっていることを把握し、問題があれば対処策を話し合い、最終的には全員がチーム目標達成に向けて同じ軌道に乗ることが必要です。

言い換えれば、リローンチ・ミーティングは1回やれば終わりのイベントではありません。業務環境はダイナミックに変動していきますから、リセットボタンを1回押すだけでは足りません。定期的なリローンチは順調なときでも大事ですが、先の見えない時期には絶対に欠かせません。ジェームズのエピソードをみればおわかりでしょう。例えば、チーム内で使っているコミュニケーションツールを切り替える必要が生じ、それにともなって新たなコミュニケーション規範が必要になることもあるでしょう。政府が新たに導入した法規が、国民の勤務形態を左右することもあるでしょう。コロナ・パンデミック勃発当初の数カ月間に、膨大な働き手が在宅ワークを余儀なくされたようにです。国や市場や業界に急激な変化が起きた結果、チーム目標の変更を迫られる場合もあるでしょう。チームが迅速に、かつ組織的に方向転換することを可能にする構造的メカニズムはただ一つ、定期的なリローンチ・ミーティングしかありません。

## チーム目標を軸にしてメンバーの方向性を一致させる

誤解されやすいのですが、チームの方向性の一致イコール「見解の一致」ではありません。アイデアを磨き上げ、ミスを突き止め、チームとして成長するためにはむしろ、チームワークの敵とみなされがちな「見解の不一致」こそが必須です。したがって、チームの方向性一致の成否は、「メンバーの見解が一致しているか否か」によって決まるわけではありません。「何をめぐって見解が一致しないのか」によって決まるのです。スティーブ・ジョブズのこういう名言があります。「全員がサンフランシスコに行きたがっているときに、どのルートをとるかを長時間かけて議論するのはかまわない。しかし、サンフランシスコへ行きたがっている者がいる一方で、内心ひそかにサンディエゴへ行きたいと思っている者がいるとしたら、ルートをめぐる議論は時間のムダだ」（1997年）。言い換えれば、「どういう方法で」目的地に到達するかに関して見解が対立するのはかまいません。それもダイナミックなチームワークプロセスのうちだからです。しかしそのプロセスに入る前にまず、目的地つまり「どこを目指すか」についての認識を統一しておく必要があります。ジョブズの例えを借りれば、まずはサンフランシスコへ行くという目標について、メンバー全員の見解が一致していなくてはなりません。あるいは特定の商品の売り出しについて、あるいは顧客基盤の構築について、見解の一致が必要です。実際の仕事にかかる前にまず、チーム目標を明確化し具体化する。そのための場がローンチ・ミーティングです。

チーム目標――そもそも達成すべき目標があるからチームを結成したわけですが――について認識を共有するためには、ローンチ・ミーティングが「対話」であることが大切です。リーダーとメンバーが意見を述べ、質問し、懸念を口にし、お互いの発言に反応するにつれて、各人がめいめい自分の視点からチーム目標を理解し、受け入れていきます。話の内容がチーム目標から逸れていかないようにするのはリーダーの役目です。具体的に「どういう方法で」目標を達成するかを細かく議論することも必要ではあるのですが、それをやるのはもっと後でいいのです。チーム目標が仮に、「業界内の関係者にバリューを提供する」というシンプルなものだったとします。この場合、目指すはただ一つ、チームメンバー全員が目標への邁進に合意し、本気でコミットすることだけです。

## 個々のメンバーが果たす役割や抱える制約を理解する

意外かもしれませんが、チームメンバーは必ずしも、自分がチーム内でどういうポジションにあるのか正確にはわかっていないものです。ローンチ・ミーティングは、個々のメンバーがチーム内での自分の役割や、自分がチーム目標にどういう形で貢献できるかを宣言するチャンスでもあります。過去に似たようなプロジェクトに関わった経験があります、というメンバーもいるでしょう。この手のプロジェクトは未経験ですがぜひ勉強させていただきたいです、というメンバーもいるでしょう。私にはチーム目標達成に必要なこういうスキルがあります、と申し出るメンバーもいるかもしれません。スポーツチームの選手が、コート上でおのおの違う役割を果たすのと同じです。リーダーも口を添えて、個々のメンバーの具体的な担当分野をはっきりさせるといいでしょう。お互いが自分の役割だけでなく、他のメンバーが果たす役割も把握すべきです。

チーム内での各メンバーの役割や担当業務を明確化することで、各人がチームワークにどのくらい時間を割き、関心をもてそうかも見えてきます。リモートチームでは、メンバーが同時に他のチームにも所属していることもよくあります。1人が複数のチームに所属しているか、そうでなくとも複数チームが相互依存関係にあると、あるメンバーがそれぞれのチームにどのくらい時間を割いてくれるかの期待が人によってズレていたり、悪くするとまったくかみ合っていなかったりするおそれがあります。このメンバーはうちのチームを最優先してくれているはずとリーダーが思い込んでいたら、実はそのメンバーは他チームの業務を優先していたということもありえます。メンバーの1人が、他のメンバーやチームリーダーの知らないところで別の業務に関わっている、ということも決して珍しくありません。これがコロケートチームなら、誰かがその場にいなければすぐにわかります。しかしリモートワークだと、個々のメンバーが何をやっているのかが見えません。ローンチ・ミーティングの席でこうした制約について率直に話し合っておけば、個々のメンバーが個々の業務にどのくらい時間を割けそうか、予想を立てやすくなります。

期待にズレがあってチームのパフォーマンスが低下するとすれば、その逆もまた真なりです。個々のメンバーが、自分が抱えている制約や、仕事の進め方についての自分の意見を率直に口に出せれば、それはチームにとってむしろ強みになります。一方、リローンチ・ミーティングでは、既存の業務に加えて新たな業務を引き受けたメンバーにそれを報告してもらうことで、メンバーが複数チームに所属することによるダイナミックな状況変化を把握できます。新たに加わったタスクにそれぞれのメンバーがどう対処しているかがわかれば、チーム内で互いにサポートし合って納期に間に合わせたり、状況に応じて業務分担のバランスを調整したりもできるようになります。

## チームのリソースを把握する

チームワークのメリットの一つは、目標達成を目指すにあたってチームメートのもつ知識やスキルに頼れることです。メンバー全員が同じオフィスにいれば、顔を突き合わせて共同作業をする際にお互いの知識やスキルを活用できます。けれどリモートワークでは、対面でやりとりする機会は限られます。皆無というケースすらあるでしょう。2通りのシナリオを想像してみましょう。第1のシナリオは、チームメンバー全員が長年同じオフィスに勤務しているというものです。みんなで会議テーブルを囲んで、重要プロジェクトの細かい点を詰めます。お互いの得手不得手を知り尽くしていますから、意見や情報のギブ・アンド・テイクもスムーズです。次に、第2のシナリオをみてみましょう。こちらもチーム内でプロジェクト計画を話し合うのは同じですが、今度はメンバーが同じオフィスにいるのではなく、リモートワークです。最近では、チームメンバーと顔を合わせるのはビデオ会議のときか、オンラインのチャットルームの中だけです。みなさんもオンラインでチームワークをした経験があれば、相互依存の環境をつくり上げて情報交換したり決定に到達したりするのがどんなに難しいか、よくご存じでしょう。

ハード面では、ローンチ・ミーティングの席で、チームの目標達成に役立ちそうな情報、予算、テクノロジー、社内外のネットワークといったリソースを具体的に洗い出すべきです。個々のアイテムを列挙した詳細なリストまでは必要ありませんが、とにかくローンチ段階で、現時点でチームの管理下にあるリソースや、今後必要となるリソースとその入手方法について、メンバー全員のコンセンサスを達成すべきです。特にリモート環境では、ローンチ段階で、メンバー各人の業務遂行にとって最適なテクノロジーと支援体制を確保したいところです。全員が快適なインターネット・アクセス環境にあるとは限りません。デバイスの更新や新規購入を必要とする人もいるかもしれません。メンバー全員に自宅オフィスを整備できるだけの資金を提供することが必須です。

リローンチ・ミーティングでは、利用できるリソースの見直しを行います。例えば、コロナウイルスのせいでチーム予算や他組織との連携に影響が出ている可能性もあります。プロジェクトをさらに進めていくにあたって、チームの道具箱にはあと何と何が残っているのか。そこをリーダーもメンバーもしっかり把握しておくことが大切です。

## チーム内のコミュニケーション規範を設定する

次のようなシナリオを想像してみてください。メンバー6人から成るリモートチームが、期待に胸を膨らませて最新のチャット・アプリを各自のスマートフォンにダウンロードしました。メンバーは5カ国に分散していますが、このアプリがあれば時間を選ばず、メールよりもっと気楽な形でチャットができます。ある日、お互いに時差のない地域にいる4人の間で、あるソフトウェア・プログラムから検出されたバグの修正法について、新しいアプリを使って即席の話し合いが始まりました。そこから話が飛んで、翌日にチーム全員で話し合うことになっている件へと移りました。正式な会議ではなくカジュアルなチャットだったため、率直に意見を交わすことができ、翌日の会議の議題についてもどんどん話が進みました。

4人組はいち早くスタートを切ったのだから「ボーナスポイント」をもらう資格があるのでは、と思われるかもしれません。ところが彼らのしたことは、チーム全体の結束にとってはむしろマイナスに働きました。翌日、会議が始まるが早いか、他の2人のメンバーは出遅れたことに気づきました。2人の知らない話が出たし、質問をしてもスルーされました。他の4人はすでにずっと先を行っていたからです。「どうして自分たちだけ外されたんだろう？」と思ったものの、口には出せませんでした。1人は、些細なことにこだわるやつだと思われたくなかったから。もう1人は、最近、ミーティングの開催時刻に文句をつけたばかりだったので、クレーマーのレッテルを貼られたくなかったからです。おそらく意図的に外されたわけではないだろうとは思いつつも、2人はチームメートに対して一抹の嫌悪感をおぼえました。今後もまた外されるかもしれないという不安も残りました。嫌悪感はじわじわとつのっていき、やがてチームは分裂してしまいました。私はこれまでに、いま紹介したとおりのシナリオや似たようなシナリオが展開し、しまいにはチームが崩壊するのを何度も目撃しています。

本当ならこのチームはローンチ（またはリローンチ）・ミーティングを開いて、新たに導入したチャットツールの利用規範を話し合うべきでした。そうしていれば、チームの結束を保つためには「インクルージョン」、すなわちメンバー全員が「自分もチームの一員だ」と思えることが大切だと気づけたはずです。例えばこういう規範を決めてもいいでしょう。一部のメンバーだけでチャットをしているうちに流れで仕事の話になったら、いったんチャットを中断して、その場にいない主要メンバーに声をかけることにするとか。大事なのは「どういうコミュニケーションツールを導入するか」ではありません。「導入前にチームのコミュニケーション規範をじっくり吟味し確立する」ことが肝心なのです。

リモートチームが成功するためには、チーム内で話し合って決めた規範をきちんと守ることが必要です。ここでいう「規範」は、規則とは違います。チーム内のやりとりや意思決定や問題解決の指針となるような、一連の基本原則といった方がいいでしょう。チームの規範はみんなで決めることが大切です。ローンチ・ミーティングの席で話し合っているうちに、それぞれのメンバーがどんなことを重視するタイプなのかが見えてきます。メンバーの大半が時間を正確に守りたい派なら、ミーティングには時間どおりログインしよう、という規範を明文化するとよいでしょう。そうすることでチームとしての標準的な期待水準を設定できますし、どちらかというと時間に無頓着な少数派メンバーにとっては、チームメートの価値観を尊重しなくてはという動機づけになります。

リモートチームにとって、バーチャルコミュニケーションのあり方を定めた規範はなくてはならないものです。リモートチームには、同じ職場にいればおのずと生まれる、日常的なざっくばらんな交流チャンスがありません。廊下ですれ違うこともないし、コーヒーマシンを囲んでおしゃべりすることもできません。その不足を埋めるために規範が必要なのです。コミュニケーション規範には、三つの主な役目があります。

- 役割や所在地を問わず全メンバーに適用される、コミュニケーションの約束事を決める。

・業務やミスについて意見を言うときの、心理的安全性や安心感を促進する。
・リモートチームのメンバー間のつながりを保ち、誰1人孤独感を感じずにすむようにする。

## コミュニケーションの約束事を決める

成果を上げているチームがこぞって採用している、一見簡単そうにみえるコミュニケーション規範があります。ミーティングの席では各メンバーが平等に発言・傾聴し、（リーダーだけに向かって話すのではなく）なるべく全員に向かって話すようにする、というものです。そういうチームではミーティング終了後も、議題に関連したやりとりがメンバー間で続きます。同僚とくだけた会話を始める、次回のミーティングで使えそうな情報を探る、などです。リモートチームの場合は、チーム全体でのビデオ会議の結果を踏まえて、社内ソーシャルメディアを通じて誰か特定のメンバーにメッセージを送ることもあります。「プロジェクトに関する君のさっきの発言はよかったね。それで思いついたことがあるんだけど……」というように。こういう個別チャットがきっかけでブレーンストーミングが始まり、次回の全体ミーティングで話し合えそうな案が生まれることもあるのです。

ローンチ（リローンチ）・ミーティングは、チームの全稼働期間にわたるミーティングの実施形式や、メンバー間の業務連絡方法を決める場でもあります。私が調査したあるリモートチームでは、会議中に出たアイデアを、デジタルソフトを使って書き出していました（コロケート会議ならホワイトボードに書き出すところです）。バーチャル環境で細かいニュアンスまで伝え合うには、その方法がベストだそうです。合意や相互理解に到達するためのもっとも効率のよい、実際的な方法はビジュアルだというのがそのチームの結論でした。あるメンバーに言わせれば、「百聞は一見に如かず」です。

業務連絡を絶やさないための方法も、前もって決めておくといいでしょう。自分の担当部分の納期が予定より遅れそうだとなったら、いつまでにチームメートに知らせるべきか？ジェームズのチームが苦境に陥ったのは、誰が・いつ・何をやるかを打ち合わせていなかったためです。個々の顧客案件がどうなっているのか、ジェームズのもとへ一切報告が入ってこないまま時間が経過することが何度もありました。チームが急に忙しくなったとき、クリフの置かれた状況がもっと可視化されていたら、関係者全員の頭痛の種が減ったはずです。

コミュニケーション規範を決める際には、メンバーへの連絡のタイミングや、（フォローアップするとしたら）フォローアップのタイミングに関するマナーも決めておくべきです。在宅リモートワーカーの場合、仕事と家庭の境界線が曖昧になりがちです。その境界線をできるだけ明確化するようなルール——同僚への連絡は正規の勤務時間内だけにするとか、オンラインミーティングには時間を守って必ず出席するとか――を設けることで、仕事と家庭生活がごっちゃになったときに生じる混乱や疲労、イライラを緩和できるのです。

## 心理的安全性を確保する

仕事上の意見の対立は、リモートチームよりコロケートチームの方が起きやすい傾向があります。してみれば、リモートワークになれば悩みごとが一つ減るのではと思いませんか。けれど、リモートチームワークの経験者なら知っているように、バーチャルミーティングの席上でメンバーがどんなにニコニコしたりうなずいたりしていても、必ずしも全員が賛成しているとは限りません。目に見える対立はなくても、ひそかな緊張関係が存在することがあります。しかも、緊張関係の発生原因をおおっぴらに論じ合うよりも、見えないところに封じ込めておく方がはるかに不穏です。仕事上の意見の対立は、むしろ歓迎すべき場合も少なくありません。対立にどう対処すればよいかは、第7章で詳しく述べます。ここでは、ミーティングの席で異なる見解や相反する見解が相次ぐぐらいの方が、画期的なアイデアや進化した案が生まれる可能性が高いことだけ覚えておいてください。

チームメンバーが、ペナルティを受けたり恥をかいたりする不安なしにリスクをとり、間違いを認めることのできる環境を「心理的安全性」といいます。心理的安全性は、生産的チームワークには欠かせない条件の一つです。私の同僚であり、この概念のパイオニアであるエイミー・エドモンドソン［ハーバード・ビジネス・スクール教授］は、心理的安全性がもたらす効果を徹底的に研究した結果、次のような結論に至りました。心理的安全性を欠くチームでは、メンバーは同僚、特に上司に対して反論や疑問を口にしたくてもできません。不安があるからです。その結果、チームが有効に機能できないというのです。不安を解消するためにはリーダーとメンバーの双方が、全員が安心して意見を言ったり質問したりできる雰囲気を積極的につくり出すべきです。ミスを認めることができれば、今後どうすれば同じようなミスを減らせるかを話し合えます。その結果、常に学び続け、コミュニケーションを続け、成長し続けるチームが生まれます。

リモートチームのコミュニケーション規範は、心理的に安全なチームの基盤となるようなものであるべきです。例えばローンチ・ミーティング段階で、中傷発言は絶対に許さないという規範を設ける、メンバー間でコンセンサスに達しなかった件についてはどう進めるかの標準的手順を決めておく、などです。リーダー自身が自分のミスを認めたり、個々のメンバーに何か意見はないかと聞いたりするのも、心理的に安全な環境づくりにプラスになります。

## 孤独感を解消する

「チームの一員」意識と心理的安全性の確保に成功したとしても、多くの人にとってリモートワークというのはやはり孤独なものです。リモートワークの数々のメリット――広範な地域に事業展開できるので各地の市場に参入しやすい、仕事環境を自分の好きなように設定できるなど――は、調査によって十分に証明されています。しかし他方では、リモートワーカーが仕事の中で孤独を感じ、その結果パフォーマンスが低下したり、離職率が増えたりすることも調査から明らかです。とはいえ、孤独感がパフォーマンスに及ぼす悪影響は、ある程度の対面交流や、ビデオ会議やIP電話といったコミュニケーションツールの活用によって緩和できます。同僚にすぐ連絡がとれるとわかっているだけでも、孤独感は和らぐものです。

ローンチ・ミーティングは、離れて仕事をしているチームメンバー間のコミュニケーション規範をあらかじめ決めておく場だというのはすでに述べました。さらに、メンバー間の物理的距離から生じる孤独感を緩和することに正面から取り組む規範もぜひ欲しいところです。例えばリモート勤務の合間に、定期的にリアルな交流機会を設けるのもいいでしょう。対面交流が不可能な場合は、テクノロジーという貴重な代替手段があります。そもそも、物理的に近ければ孤独感を感じないとは限りません。1日中同じオフィスで机を並べていても、お互いに一言も口をきかず、目すら合わせないというのも相当寂しいものです。チームが一丸となって孤独感を乗り越えていこうという規範を、リーダーが率先して周知しましょう。そうすることで、メンバー間の心理的絆をはぐくむことができます。

## リーダーのコミットメントを示す

ローンチ・ミーティングは、リーダー自身のチームへのコミットメントを力強く打ち出す場でもあります。多国籍企業、ワークヒューマン社のコンサルティングチームのリーダー、ジェニファー・ライマートを例にとりましょう。同社は認識ソフトやパフォーマンス・ソフトのメーカーで、世界各地の大手企業を顧客として抱えています。ライマートは、「サンキュー《ありがとう》」を言うのが私の仕事です、と言います。ワークヒューマン社に加わる以前は、ハイテク企業で20年間、社員の給与やボーナスや手当を担当していました。その中で、上司が部下の（または同僚がお互いの）功績を認めて感謝することがエンパワーメント効果を発揮し、社員のやる気アップにつながることを発見しました。リモートでは特に、上司が部下の貢献を常にじかに目撃できるわけではありません。でも同僚は目撃します。チームメートの貢献に気づいて認めてあげることで、お互いに感謝し合うチームカルチャーが生まれ、チームメンバー共通の価値観が強化されていきます。

こうした知恵は、ライマートが社会人になって間もなく、みずからのリモートワーク経験を通して身につけたものです。前述のハイテク企業に入社したときに打診された職場は、ライマートの新居から3000マイル［約4800キロメートル］も離れていました。夫が東海岸のMBAコースに入学したため、夫婦で引っ越したばかりだったのです。しかし上司と話し合った結果、チームにとってはライマートが東部標準時帯にいる方がむしろ好都合だと判明しました。メンバーがカリフォルニア州、オレゴン州、イギリス、アジアに分散していたからです。それから20年近く経ってワークヒューマン社に加わる頃には、ライマートはリモートチームのローンチ（リローンチ）・ミーティングの諸法則をすでに編み出していました。法則の核心を成すのは、強いチームには、チームの存続期間のあらゆる段階においてメンバーへの本気のコミットメントを示すリーダーが必要だ、という信念です。

リモートチーム全体のローンチ・ミーティングと並行して、ライマートはチーム所属の部下たちと1対1の電話ミーティングを行います。電話ミーティングは自宅の部屋から部屋へと歩き回りながら、または天気がよければ通りをぶらつきながら行うことが多いといいます。体を動かしていた方が電話の向こうの相手に関心を集中しやすいことを発見したからです。リーダーとして、人間としてライマートが目指すのは、相手の話を聞き、共感し、反応することです。電話の冒頭ではまず、自分のことをちょっと話します。すると相手はすぐさまリラックスし、ライマートに親近感をおぼえます。お互いに打ち解けてくると、彼女はチームのローンチ・ミーティングについて相手に率直な感想を求めます。どのような点がいいと思うか。気になる点はあるか。さらにメンバー一人一人に、どんなことに興味があるのか、自分の得意分野は何だと思うか、自分のどういう面を改善したいか、今回のチームでの経験からどんなことを学びたいかを尋ねます。電話ミーティングの結果、ライマートも部下も、その部下の関心事やスキルや目標がチームの全体目標とどう結び付くかを理解するに至ります。リアルでは会ったこともないのに共同作業をすることになった集団の方向性を一致させるには、このような個人対個人の交流が不可欠だというのがライマートの考えです。

チームメンバーが共同作業を通してバーチャルな形で知り合うにつれて、ライマートは各人のチームに対する貢献を積極的に認め、感謝するよう努めます。ちょっとした「サンキュー」のジェスチャーが、チームの結束を固める上で非常に効果的なのです。彼女はさらに、いわばバーチャルなオフィスドアを開け放しにしておいて、メンバーが何か気になることがあればいつでも相談にこられる態勢でいます。ベストを尽くして部下をサポートし、部下に共感する一方で、長年かけて学んだという大事な教訓、「全員を四六時中ハッピーにしておくことはできない」も忘れません。言い換えれば、常時１００％満足できなくても気に病まないこと、だそうです。

ライマートのやり方は、リモートチームを立ち上げるリーダーに求められる重要な資質である「みずから範を示す」を地で行くものです。彼女が部下と1対1で行う電話ミーティングは、心理的に安全な、全員が自分もチームの一員だと感じられるチームカルチャーを促進するコミュニケーションのお手本です。リーダーがこういう姿勢だと、メンバーもおのずと同じような姿勢になります。このようにリーダーが勇気を出して最初から自分をさらけ出せば、チームにおけるリーダーの存在感は、リモート化によって弱まるどころか強くなるのです。

目標・役割・リソース・規範の4点に関してチームの認識が一致さえしていれば、メンバーはチームの目標達成に向けてやる気満々で取り組んでくれるはずです。

**リモート環境で成功する——**

## ローンチ（リローンチ）・ミーティング

**●針路を定めよう。** ローンチ（リローンチ）・ミーティングは、チーム目標を明確化、具体化する場です。全員が同じ目標を共有することで、チームワーク効果が上がります。

**●チームの規範を話し合って決めよう。**全員が「チームの一員」と意識できる、心理的な安全を感じられる、メンバー間の絆があるチームとなれるようなコミュニケーションを目指して、指針となる規範を設定します。

**●現状を把握し、役割分担を決めよう。**個々のメンバーがチームの目標達成に向けてどのような役割を果たすのか、メンバーにはどういう内部的、外部的制約があるか、改善の余地があるとすればどこかを、意識して話し合います。

**●必要なリソースを洗い出そう。**チームの目標達成に必要な情報、予算、テクノロジー、ネットワークなどについて話し合います。必要なリソースをまだ確保していない場合は、入手方法を話し合います。

**●リーダーのコミットメントを示そう。**ローンチ・ミーティングを主催するリーダーは、メンバーの貢献に感謝していることを目に見える形で示しましょう。具体的にはメンバーに関心を集中し、メンバーの意見や懸念に耳を傾け、リソースを提供します。リローンチ・ミーティングでは、リーダーのコミットメントを改めて強調します。チームを取り巻く状況が不安定なときはなおさらです。

第2章

# リアルで会う機会がほぼない同僚と信頼関係を築くには

# How Can I Trust Colleagues I Barely See in Person?

ターラはパソコン画面を眺めました。不安でいっぱいでした。ソフトウェアのアップデート版から見つかったバグの原因を突き止めようと2日間を費やしたあげく、とうとうお手上げだと認めざるを得ませんでした。ターラが率いる少人数チームの他の技術者も、やはり解決策を発見できていません。ということは、社内のどこか他の場所から助っ人を見つけてくるしかないということです。社内といっても時価総額数百億ドルのハイテク企業で、30カ国に1万7000人余りの社員がいます。誰に頼もうか？　仮に誰に頼めばいいのかわかったとしても、見も知らぬ相手に助けを求めることを想像しただけでぞっとしました。今回の仕事で失敗して、無能のレッテルを貼られたらどうしよう？　ターラは入社して比較的日が浅く、デキる人という印象を与えたいと思っていました。無数のクエスチョンマークに囲まれて、頭がくらくらしました。

ふと、「そうだ！」とひらめくものがありました。何週間か前にメールボックスに飛び込んできた、全社員宛ての一斉メールを思い出したのです。社内専用のソーシャルメディア・プラットフォームの立ち上げを知らせるメールです。メールには、各国に散らばった社員間の知識共有を促すのが目的だとありました。「いわば仕事用のフェイスブックのようなものです」という説明の下に、登録用リンクの表示があります。ターラにとってフェイスブックといえばあくまで仕事外での交流ツールだったので、公私の境界線が曖昧になるような気がしてためらいました。でも、いまはどうしても命綱が必要です。そこでくだんのメールを開き、数分後には登録を完了していました。

社内ソーシャルメディアのインターフェースにはすぐ慣れました。間もなくタ一ラは、同僚の誰彼がアップしているペットの写真や、登山をめぐるおしゃべりをスクロールしていました。みな、活発に「ソーシャル（社交）」しているようです。そこへ、水泳についての書き込みが目を引きました。泳ぐのが大好きなターラは、社内の他のソフトウェア開発者との共通点を見つけて胸が躍りました。その開発者は、名をマリソルといいました。プロフィール画像には、茶色い髪を肩まで垂らした30代半ばくらいの女性が写っています。ターラはマリソルの過去の書き込みを読んでみました。ターラと同じく入社して間もない別の技術者――経歴もターラと似ています――が、プログラミングのことで助言を求めたのに対し、マリソルがすぐさま返信し、熱心で具体的なアドバイスをしていました。ターラは安堵のため息をつきました。マリソルには一度も会ったことがないけれど、この人になら助けを求めても恥をかかされたり断られたりする心配はなさそうです。そこで、助けを求めました。

つまり、「この人なら信頼できる」と決めたのです。社会科学でいう「信頼」とは、相手の発言や行動や判断に従っても大丈夫そうだと安心でき、すすんで従おうと思えることをいいます。言い換えれば人間は、この人なら大丈夫と思わせてくれるような発言や行動や判断をする相手を信頼するものです。

## 信頼の度合いはさまざま

チームメンバー全員が同じオフィスビルに勤務していれば、仮にすぐ目の前にいるわけではなくても、同僚を信頼するのは息をするのと同じくらい、または手近なコーヒーマシンのところへ行ってコーヒーのお代わりを注ぐのと同じくらいたやすいことです。別の部署やチームに所属する同僚と雑談を交わすのも、ごく自然な成り行きです。そうやって、同僚がどういう人でどんな態度・行動を取るのかについての公私両面の情報が集まるにつれて、お互いへの信頼が深まっていきます。いうなれば「信頼構築プロセス」です。これは従来型の、いわば「デフォルトな信頼」といえるでしょう。

けれど、もしリモートワーク環境で、めったに会わない同僚同士だったとすれば、どうすればお互いが信頼するに足る相手だと見きわめられるのでしょうか？　どうすれば同僚の体調や精神状態を気にかけるようになり、まずまずリラックスしてやりとりができるようになるのでしょうか？　コロケートワーカーは普通、共通の職場環境でリアルなやりとりを繰り返しながら、時間をかけて信頼関係を構築していきます。しかしリモートチームではそうはいきません。対面のやりとりやソーシャル・キュー［社会的合図。表情や声音や身振り等、人が発信する言語・非言語シグナルの総称］が乏しいからです。たとえコロケートで長年かけて築き上げた絆があっても、長期間のリモートワークという試練に遭ったら果たしてどうなるでしょうか？　このことは、コロナウイルスのせいで自宅の仕事場で1人過ごす時間が長引くにつれて、誰もが直面せざるを得ない問題です。信頼構築の基盤となる毎日の、自然発生的な、インフォーマルな交流はもうありません。同僚と定期的に顔を合わせて仕草や身振りや顔の表情を読み取る機会がなくなったいま、どうすれば相手を信頼できるでしょうか？　遠く離れた相手とどうやって信頼関係を築けばいいのでしょうか？　全員がデジタルコミュニケーションツールに頼って仕事をしている中で、互いの信頼関係をどう「読み取」れというのでしょうか？　チームに新たに加わったメンバーと、どうやって関係づくりをすればいいのでしょうか？

しかも、信頼とは脆いものです。どんな職場でも、同僚が責任を果たさなかったり、情報を出し惜しみしたり、内集団《ないしゅうだん》や外集団《がいしゅうだん》［自分が帰属感を抱いている集団を「内集団」、自分にとって「他者」と感じられる集団を「外集団」という］を形成したりすると、信頼はあっけなく壊れてしまいます。上司が部下をえこひいきしたり、唐突かつ不必要としか思えない解雇に踏み切ったりすれば、部下から信頼されなくなるでしょう。社員がいつも手を抜いてばかりいたら、上司や同僚から信頼されなくなるでしょう。問題は、いったん壊れた信頼は修復困難だということです。

信頼はゼロか1かのどちらかしかない、いわばワンサイズな感情だ、と思われる方もいるかもしれませんが、「職場における信頼」を研究している社会科学者によれば、信頼はむしろニュアンスに富んだ複雑なものだといいます。ちょうど絵の具のパレットのように、状況に応じてさまざまな色合いの信頼があると考えた方がよさそうです。

ターラがマリソルに対して抱いたような信頼は、社会科学では「適度な信頼（passable trust）」といい、リモートチームワークには欠かせない条件です。適度な信頼とは、他人とコミュニケーションを取り、共同作業する上で必要な最低限のレベルの信頼をいいます。別の言い方をすれば、他人の発言や行動に基づいて相手に対して抱く、必要かつ十分な信頼です。適度な信頼は、（対面やオンライン、またはその両方での）相手のふるまいを観察した結果生まれます。先述の例でいえば、ターラはソーシャルメディア上でのマリソルと別の社員とのやりとりを観察した結果、マリソルに適度な信頼を抱いたわけです。

ターラは、社内ソーシャルメディア上で「出会った」同僚に適度な信頼を抱き、助けを求めました。社会科学にはもう一つ、「迅速な信頼（swift trust）」という概念もあります。危機的状況下で結成された航空機のフライトクルー・チームや法執行チームを対象とした研究から見出されたコンセプトです。特定のプロジェクトや任務を遂行するため結成され、限られた期間にわたって共同作業をすることになったチームのメンバーが「迅速に」築き上げるべき高レベルの信頼が、迅速な信頼です。「迅速な信頼」条件下にあるメンバーは、「相手を信頼できないという証拠がない限り、相手を信頼しよう」と決めます。私は最近、所属する大学の教員でつくる、あるチームのメンバーになったことがあります。学部長候補の選抜に関して学長や学務部長に助言する諮問委員会に属するチームです。メンバーの大半は、お互いによく知らない間柄でした。一方、チームにゆだねられた任務は非常にデリケートなものです。そこで私たちは、お互いを信頼し、話し合ったことはすべてチーム内だけにとどめようと「迅速に」決めました。他に選択の余地がなかったからです。

本章では、いま挙げた2種類の信頼を詳しくみていきます。両者はデフォルトの信頼とどう違うのか、両者共にリモートワークにとって不可欠なのはなぜか、両者を推進するために利用できるメカニズムにはどんなものがあるか。顧客とのハイタッチな「密な人間関係をベースとした」信頼構築に成功した金融サービス企業の例も紹介します。信頼は時間とともに築き上げられる、つまり静的ではなく動的なものなので、私の言う「信頼曲線」に沿って考えてみるのも便利です。信頼曲線は、リモートチームにおいて「信頼」が時間とともにどう変容していくかを、これまでにない新たな視点から捉えたツールです。

## 信頼曲線

「学習曲線」という言葉があります。もともとは、タスク（組み立てラインの作業など）のパフォーマンス改善率を、時間やコストの関数として計算するため考案された概念ですが、今日では、「特定の技術やタスクに熟練するまでにどのくらい時間がかかるか」を評価する手法として使われることも多いです。学習曲線を上昇していくスピードは、人によって違います。才能に恵まれたアスリートが初めてのスポーツに取り組んだら、運動経験のない人と比べて学習曲線の上昇速度はおそらく速いでしょう。上昇速度はタスクの種類によっても異なります。例えばプログラムのコーディングを習得するのは、プレゼン用テンプレートの使い方を習得するより時間がかかるでしょう。学習曲線を形容する場合は、「高い」「低い」「なだらか」「急」などという言い方をします。しかし本書で大事なのは、学習曲線は時間の経過にともなって進んでいくものだと理解しておくことです。XY軸上に学習曲線を描いた場合、横軸は常に「時間」です。

信頼曲線も学習曲線と同じように、時間の経過にともなって推移するものと考えてグラフ化することができます。グラフの横軸が「時間」であるのは学習曲線と変わりませんが、今度は縦軸が「信頼」になります。従来型の職場環境では、特に対面のやりとりがデフォルトである場合、信頼は時間とともに徐々に構築されていきます。つまり時間が経つにつれて、チームメート間の信頼も深まっていきます。しかしリモートチームではいつもそんな贅沢が望めるとは限らないので、別の信頼構築ルートが必要になってきます。たとえ、ときどきは対面の機会があるとしてもです。ですから、リモート環境で考えるべき最大の疑問は「同僚を信頼できるか?」ではありません。「同僚をどの程度信頼すべきか?」です。これから、リモートワークにふさわしい各種の信頼をみていきましょう。並行して、各種の信頼が信頼曲線グラフのどのあたりに位置するかも明らかにしていきます。

## 頭で信頼、心で信頼

信頼こそはチームを一つにする絆です。チームのパフォーマンスを強化し、メンバー間の連携や調整を可能にしてくれるものでもあります。でも、信頼は強制できません。個々のメンバーが自力で、チームメートを信頼しようという判断にたどり着くのを待つほかないのです。同僚を信頼するということは、この人なら担当職務をきちんと遂行してくれるだろう、あるいはこちらが打ち明けた秘密を守ってくれるだろうと信じて、自分をさらけ出すことを意味します。チームにおける信頼には、「メンバー各人がチーム全体のためを思って行動してくれるはず」という期待が含まれています。

チームワークにあたって、さまざまな色合いの信頼が並ぶパレットからどう選ぶかを考えるとき役に立つのが「認知的信頼（cognitive trust）」と「感情的信頼（emotional trust）」という二つの概念です。

「認知的信頼」の基盤となるのは、「この人ならあてにできる、頼れる」という確信です。認知的信頼で結ばれたチームのメンバーは、チームメートには目の前の業務を遂行する能力があるはず、と「頭」で判断します。認知的信頼は普通、時間の経過とともに形成され、数々の経験ややりとりを経て、正しかった（または間違っていた）と証明されます。例えばある人が、同僚の1人が「前職で豊富な経験を積んでいる」とか、「自分があこがれている大学の卒業生だ」と知ったとします。するとその人の頭の中で、その同僚に対する認知的信頼の形成が始まります。そして共にプロジェクトにたずさわるうち、同僚が一貫して信頼に足る仕事ぶりを見せるか否かに応じて、同僚への認知的信頼は上昇するか下降するかします。

これに対して「感情的信頼」の基盤となるのは、チームメンバーのお互いに対する思いやりや気遣いです。感情的信頼をベースとして築かれた人間関係は、好意や感情的絆の上に成り立っています。感情的信頼がいちばん生まれやすいのは、チームメンバーが共通の価値観

**図1:認知的信頼曲線3種**

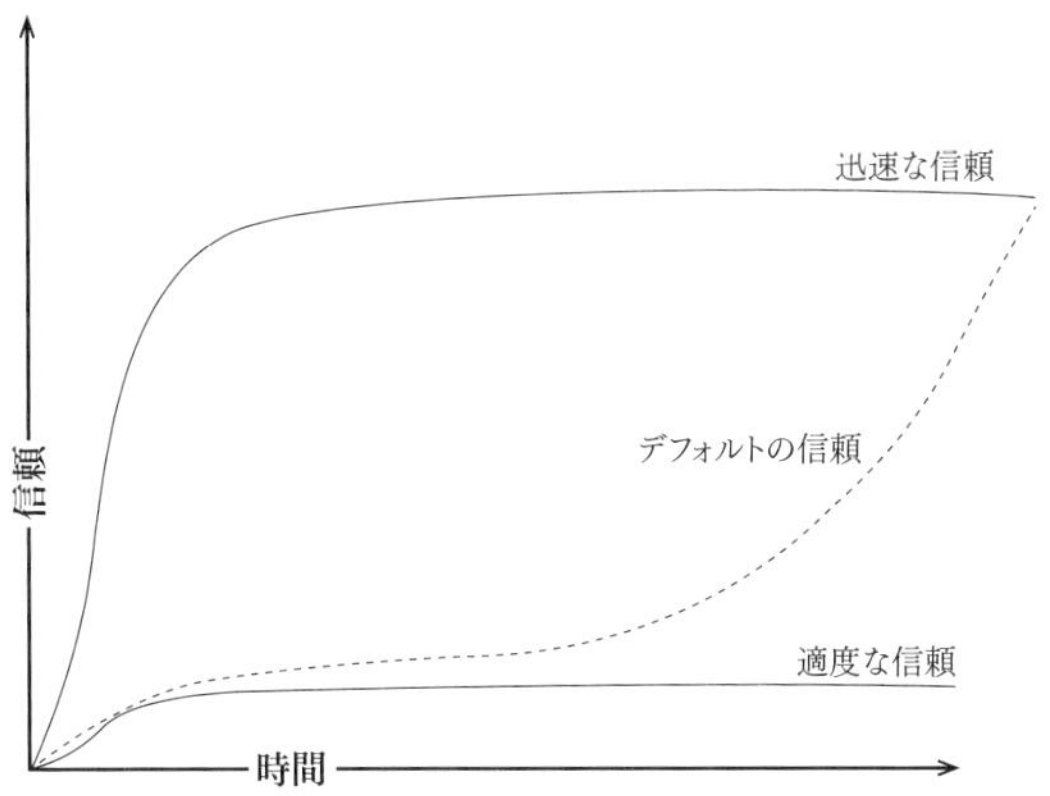


や考え方をもっている場合です。積極的に同僚のメンター役を務めたり、お金を集めて同僚の1人にプレゼントしたりといった行為は、感情的信頼からくるものです。感情的信頼に基づく人間関係は、友情に似ています。「心」に根ざしているからです。感情的信頼についてリモートチームとコロケートチームを比べた場合、リモートの方が構築に時間がかかるということは特にありませんが、構築がより困難ではあります。

　適度な信頼は主に認知的信頼の上に成り立つのに対して、迅速な信頼は感情的信頼と認知的信頼の両方の上に成り立つものです。リモートチームには適度な信頼が必要ですが、それだけでは足りません。適度な信頼は、チーム外や組織全体でのコミュニケーションを円滑化してくれる便利な存在です。いわば組織を動かし続ける燃料です。しかし時間が経っても強化することはないし、感情がこもっていないので、チーム、特にリモートチームの結束を固める最大の要素とはなりえません（図1：認知的信頼曲線と図2：感情的信頼曲線を参照）。

図1・2の信頼曲線グラフを見ると、認知的信頼はリモート環境においても早々とピークに達するのに対し、感情的信頼がピークに達するまでには時間がかかることがわかります。つまりリモートチームのメンバーは、感情的信頼レベルは比較的低く、認知的信頼レベルは比較的高い状態でのチームワークをする場合が多いことになります。感情的信頼は構築に時間がかかりますが、やがては認知的信頼に追いつくことに注目してください。つまり両者は互いに排斥し合う関係にはないのです。また、一方がもう一方より望ましいというわけでもありません。リモートチームを設計・指揮する際に大事なのは、「信頼にはどういうタイプがあるのか」「各種の信頼をどう活用すればコラボレーションや生産性を強化できるのか」を理解することです。どうすれば自チームにもっともふさわしい信頼を築き上げられるのでしょうか？　そのためにはどんな点を重視すべきでしょうか？

ここからは、これまで紹介してきた各種の信頼がどんな働きをするのか、どうすれば達成できるのかをみていきます。各種の信頼を理解し、自分やチームメートが信頼曲線のどのあ

図2:感情的信頼曲線

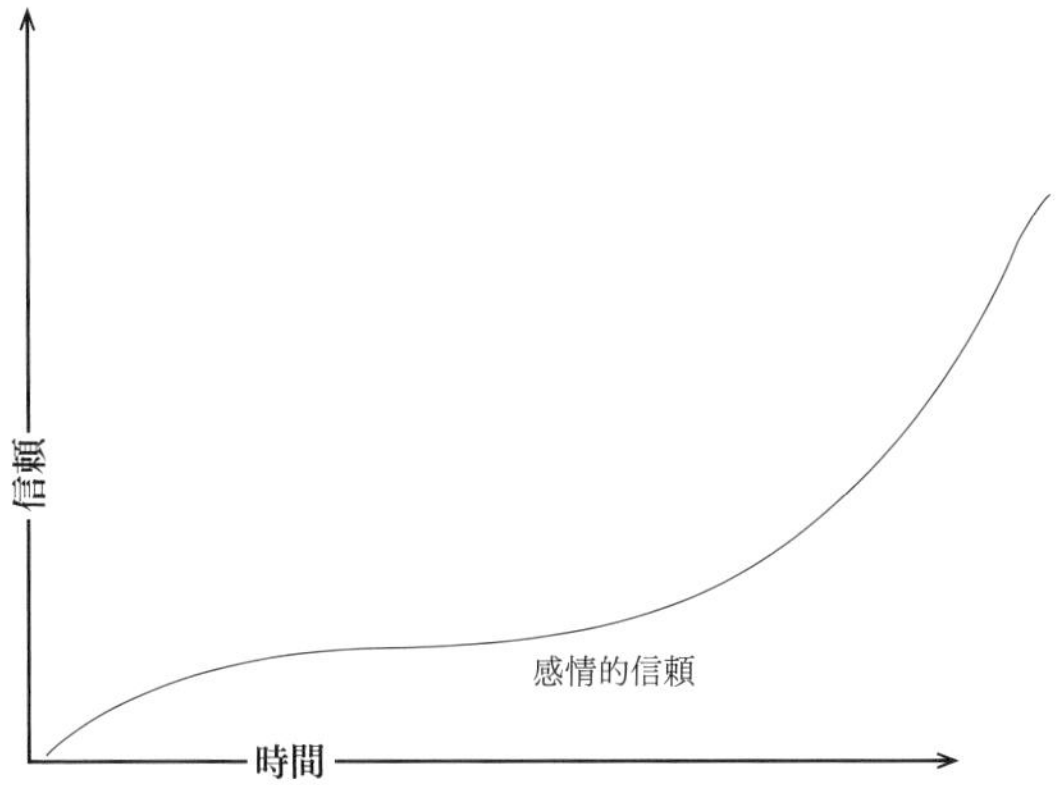


たりに位置するのかを把握することで、信頼構築につながる体験を企画し、それをチームのマネジメントやリーダーシップに組み込めるようになります。

## 認知的な・適度な信頼

ターラはマリソルに対して適度な信頼を抱いた結果、必要な助けを得ることができました。ターラが業務を遂行する上では、別にマリソルと感情的絆を結ばなくても困りません。適度な信頼さえあれば十分だったし、適度な信頼をもっと深い信頼やもっと強固な信頼へとグレードアップする必要もありませんでした。ひょっとすると1カ月半くらい経ってからまた、ターラがマリソルに別の質問を投げかけることもあるかもしれません。その頃にも、両者間にいまある程度の適度な信頼があれば十分だろうし、その度合いが変化することもないでしょう。

リモートチームは、もっぱらデジタルテクノロジー経由でコミュニケーションを取ります。みんなが常時同じオフィスにいて、お互いの日々の仕事ぶりの背景にある理由や事情を把握できるという強みはありません。適度な信頼はこうしたリモート環境でこそ効果を発揮する、かつリモートでも普通にみられるタイプの信頼です。

## 認知的な・迅速な信頼

ジェロームは、チームプレーヤーの何たるかを心得ているつもりでした。以前は病院の救急医療部門で看護師をしており、医師や仲間の看護師と力を合わせて患者の命を救ってきた経験があったからです。救急医療の現場では、デッドラインに間に合うか否かが文字通り生死を分けるため、同僚との信頼関係こそはミッション成功への鍵でした。しかし壮年になってから転職し、国際的な医療機器メーカーで働くようになったとき、信頼関係やチームづくりについてのジェロームの考え方は真価を問われることになりました。

ジェロームは他の社員4人と共同で、新製品のマーケティング案のプレゼンを行うことになりました。しかしチームメンバーは全員が別々の国にいるため、共同作業はすべてバーチャルで行うしかありません。お互い、これまでに一緒に仕事をした経験はゼロです。病院時代のジェロームは毎日、同僚と顔を合わせており、1分を争う患者のトリアージや治療にも共同で対応していました。でも何千マイルも離れたところにいる、一度も会ったことのない同僚をどうしてあてにできるでしょう？　やりとりもコンピュータ画面越しです。

ジェロームは業務の最初の締め切りに間に合いませんでした。チームメートとの初めてのやりとりは趣味やバカンスの予定をめぐる雑談に終始し、役割分担やチームの規範づくりについての話し合いは皆無でした。そこでジェロームは、みんな今回の仕事をやる気があまりないのだろうと考えました。ところが警戒心を捨てて会話に加わるうち、実は全員が協力的で、真面目に意欲的に仕事に取り組んでいることがわかってきました。スケジュール管理は、チリにいるエンリケが引き受けてくれました。アルゼンチンのマリアとフランスのシルヴィーは、アイデアのブレーンストーミング担当でした。米国のトルードは、候補案をまとめたリストの作成を担当しました。いちばん斬新なアイデアを採用しようということで、全員の意見が一致しました。

だからこそ、トルードから「非常事態！！！　案が却下されました！」という件名のついた狼狽したメールが届き、上司に反対されたことがわかると、チームメンバーはショックを受けました。続く何日かにわたり、緊迫したやりとりが続きました。時間のプレッシャーには慣れっこのジェロームは、ここは自分の出番だと考えました。そして、プレゼン案リストにある別の案で進めてみようと強力に主張しました。他のメンバーも賛成しました。

締め切りまでの4日間というもの、チームはデジタルツール経由でリアルタイムのやりとりを続けました。誰かがログオフしなくてはならないときは別のメンバーがその人の仕事を引き継いだので、作業は途切れず進みました。いくつもの草案を経てプレゼンは無事、期限内に完成しました。メンバーはお互いの貢献に感謝し合い、プライベートな連絡先を交換しました。今後も連絡を取り合う可能性は薄いだろうと思いつつもジェロームは、チームで一つのことを成し遂げたという深い達成感を味わいました。

これまでのリモートチームワーク研究によれば、迅速な信頼、つまりリモートチームメンバーが、互いの能力を裏づける十分な証拠――過去の仕事のサンプルとか、経歴とか、共通のバーチャルスペースでのコミュニケーション能力とか――に基づいて一時的にお互いを信頼し合おうとする意志こそは、信頼の最大の基盤となるといいます。迅速な信頼は、相手とじっくり知り合うチャンスのあるデフォルトの信頼と比べると不完全ではありますが、共同作業を遂行するには十分です。

下準備もなしにすぐさまチーム内のコラボレーションや調整作業に取りかからねばならな

いリモートワーカーにとって、迅速な信頼は必須です。しかし迅速な信頼は、育った環境や経験の影響から時間をかけた関係づくりを重視する人にとってはなかなかの難題です。反面、個人主義でタスク志向の人にとってはそれほど難しいことではありません。任務遂行という目的のもとに結成されたチームには、迅速な信頼が生まれます。迅速な信頼は普通はゼロ時点、つまり共同作業を始めた瞬間に発生し、その後、共同作業や互いのやりとりが繰り返され、「この人は信頼できる」という証拠が積み上がっていくにつれて補強され、確固たるものになっていきます。言い換えれば、迅速な信頼は最初から高い水準でスタートし、その後も高止まりします。証拠によって補強されるからです。ただし信頼が失われれば低下することもあります。

## 情報が信頼を強化する

リモートチームの信頼構築に必要な条件は、コロケートチームの信頼構築条件とかなり共通しています。いずれの環境でも、リーダーは明確な全体目標・目的を掲げるべきだし、メンバーはそれらを理解し従うべきです。透明性、つまり情報のオープンな共有も必要だし、円滑なコミュニケーション、タスクの明確化、チームメートをあてにできること、チーム内プロセスの標準化なども必要です。ただしリモートチームではこうした従来型条件のいずれについても、地理的な隔たりや個々のメンバーの置かれた状況の違いゆえに、信頼構築が一筋縄ではいかないことを認識しておくべきです。例えば、各地に分散した、結成したばかりのチームにおいて、メンバー同士がお互いのことをほとんど知らず、チームへの帰属意識がまだまだ固まっていない段階では、メンバーがステレオタイプに基づくサブグループに分かれて対立することがよくあります（サブグループについては第7章で詳しく述べます）。こうした傾向を防ぐためには、特にリモートチームの場合、信頼関係を後押しする「直接情報」と「反映情報」という二つのメカニズムが大切になってきます。

## チームメートについての直接情報を収集する

「直接情報（direct knowledge）」、つまり遠く離れたバーチャルな同僚の個性や行動規範についての情報があれば、リモート環境でもお互いを信頼しやすく、いい関係を築きやすくなります。リモートチームは、定期的に対面ミーティングを開くとよいでしょう。ミーティングではいきなり仕事の打ち合わせに入るのではなく、まずは積極的に他のメンバーの生活ぶりを探ります。遠く離れたチームメートのオフィスへ出張してしばらく滞在し、仕事のプレッシャーを抱えているメンバーはいないか、仕事の話を兼ねたランチを共にすることが多いのは誰と誰かといったことを観察するのも一案です。どちらも直接情報です。出張や物理的接触が不可能なら、チームメートの生活や仕事について質問し合う時間をとるだけでも直接情報を収集できます。「自宅オフィスの整備ははかどっている？」とか、「昼休みはいつも何してる？」とか。お互いの仕事環境に詳しくなればなるほど、相手の仕事を信頼しやすくなります。

ベンの例を紹介しましょう。ベンは2週間にわたり、同僚のイーとチー・ミンと机を並べて仕事をしながら職場での2人を観察する機会に恵まれました。イーはプレッシャーがあっても動じないタイプで、ブレーンストーミングのときは頼れる同僚にアドバイスを求めます。ランチは毎日同じ顔触れと、オフィスビルの2階のカフェテリアでとります。よくランチミーティングに使われる場所です。イーとチー・ミンの役割分担や、ベンにヘルプを求めてくるのはどんなときかも見えてきました。イーとチー・ミンについて直接情報を得た結果、ベンは2人の態度や行動や意欲への理解を深めました。今後は2人の発言や行動を信頼して仕事をすることが多くなりそうです。リモート体制メインのチームでも、こうすれば信頼関係を築いていくことができます。

## 反映情報を通してチームメートに共感する

直接情報と比べるとわかりにくいのですが、リモートチームにおける信頼構築にとって直接情報に劣らず大切なのが「反映情報（reflected knowledge）」です。反映情報とは、離れたところにいる同僚の視点に立って自分自身の規範や行動を観察した結果得られる情報です。言い換えれば、「相手の目に映る自分の姿」への認識です。この認識があると、自分と接する相手への共感が生まれます。同僚が自分を理解してくれていると思えれば思えるほど、相手を信頼しやすくなります。あるインド人技術者を例にとりましょう。彼は、ドイツ支社の同僚たちがぐうたら揃いだと思っていて不満たらたらでした。メールの返信が遅すぎるし、勤務時間もどうやらインド人グループより短いようだからです。一方、ドイツ人技術者たちの方も、インド人グループはしょっちゅうお茶休憩をとっていると文句を言っていました。サボってばかりいる怠け者ども、というわけです。

実はドイツ人グループは、仕事が中断されないようメールのやりとりは間遠に、タイミングをはかって行うことにしており、インド側も同じだろうと思い込んでいたのです。一方、インド人グループは確かに喫茶室へ、それも2人組で足を運ぶことが多かったのですが、そこには後輩の指導や、知識の共有や、問題解決というれっきとした目的がありました。この例では、両グループがお互いの仕事の進め方を理解してさえいれば不満は減り、チームメートの能力とやる気をもっと信頼できていたはずです。

反映情報を入手すれば、それぞれのサブグループが自分の認識の誤りに気づけます。いま挙げた例でいえば、どちらのグループも、お互いへの不満や不信感の原因は決して相手の怠慢さにあるのではなく、仕事習慣の違いにあることが理解できるはずです。反映情報があれば、各グループが自分自身の認識を改めて見直し、かつ修正することが可能になります。ドイツ人グループがインド人グループの目を通して自身の仕事習慣を観察できれば、自分たちのやり方はどちらかといえば個人主義的、計画的なんだなと気づき、インド支社のコラボレーション志向の良さを理解できるでしょう。一方、インド人グループがドイツ人グループの目を通して自身を観察できれば、自分たちはどちらかといえば計画性に乏しくて集団主義的なんだなと気づき、ドイツ支社の体系的、計画的な仕事習慣の良さを評価できるでしょう。自分の職場のローカル規範を客観視することで、異なる規範をもつ同僚への共感や親しみや信頼感が育ちます。

たとえリモート環境でも、チームメートの仕事ぶりを注意して観察すれば反映情報は収集できるものです。相手がメールやビデオを通じてどんな風にコミュニケーションを取るか、共有のバーチャルスペースに何時頃ログインし、何時頃ログオフするか、正規の勤務時間外にもメッセージに返信してくるか否か、など。夜の9時でも元気よくメールに返信してくるメンバーもいるでしょうし、翌日になってから、ゆうべ遅くに着信音を鳴らされたことへの苛立ちをにおわせつつ返信してくるメンバーもいるでしょう。規範は人によって違うことに気づければ、気づきをもとに自分の行動を修正できます。一方、反映情報を通してお互いの規範が同じだとわかれば、この相手なら自分をよく理解してくれるだろうと思えて安心できます。

リモートチームのメンバー間での直接情報や反映情報の交換を促すためには、仕事だけに限らないバーチャルなやりとりを重視するチームカルチャーを、リーダーが積極的につくり出すことが大切です。日常的にソーシャルメディア上で、雑談やバーチャル・コーヒー(ティー)タイムを励行するとよいでしょう。参加メンバーをローテーション制にしたり、バーチャルな電話会議の前後に仕事以外のチャットタイムを設けたりするのも効果的です。チームにとっていちばんやりやすい方法を見つけましょう。肝心なのは、こうした交流の目的は業務を進めることではなく、メンバーが人と人として親しくなることであると全員に理解させることです。お互いの仕事外の関心事や、毎日のスケジュール、好きなこと、ワークスペースなどについて質問を出し合いましょう。雑談を通じてチームメートを知るにつれて、チームメートの置かれた状況や物の見方についての「直接情報」を獲得できます。同時に、チームメートの視点という新鮮な角度から自分自身を観察するにつれて「反映情報」も獲得できるというわけです。

## 感情的信頼

他人への感情的信頼はどうやって生まれるのでしょうか？　確実な方法の一つが「自己開示」、つまり自分という人間を相手に知ってもらうことです。自己開示というテーマは50年余り前から、友情、恋愛、セラピーといったさまざまな対人関係とからめて広く研究されてきました。信頼関係を深める最強の方法は、当事者全員が自己開示することです。それによってお互いへの親近感と好意が高まります。

チーム内での自己開示は、率直で意図的で、かつ自発的なものであるべきです。自己開示の手段としてはミーティングでの発言、メールの文面、チャットへの書き込み、チームが利用しているソーシャルメディアにアップロードする写真や動画などが挙げられます。リモートワーカーにとって自己開示はとりわけ大切です。目に見えるソーシャル・キューをはじめ、人間関係づくりにつながる観察可能な情報が見てとりにくいか、そもそも存在しないからです。受け手にとって意味をもつ自己開示要素には、次のようなものがあります。

・深さ：伝えられる親密度
・幅：開示される情報量
・期間：交流に費やす時間
・相互性：自己開示が一方的か、双方向か
・真実味：ありのままの「その人らしさ」を伝える情報かどうか
・帰属性：開示情報が特定の受け手に向けられたものかどうか
・記述的［事実や情報を伝える］か価値的［意見や感情を伝える］か：「私は夕食を食べました」か、「私はハベシャ（エチオピア）料理が好きです」かの違い
・個人志向か関係志向か：「私はシーフード料理が好きです」か、「私はあなたと一緒にシーフード料理を食べるのが好きです」かの違い

自己開示によって親近感を培うといっても、具体的に何をすればいいのでしょうか？ グループミーティングの最初や最後に、あるいは同僚との1対1のデジタルコミュニケーション中の何気ない会話の際に、自分の情報を小出しにしてみせるのです。「その時間にはミーティングに出られないんですよ。車を修理工場へもっていかなくてはいけないので」「もっと早く送信できたらよかったんですが、コンピュータ・トラブルがありまして」「新規のお

客様はコネティカット州の方なんですね。コネティカットといえば私の出身地ですよ！」「あなたがアップしたヨハネスブルグの写真を見ましたよ。うちは南アに1年ほど住んでいたことがあるんですよ」といった調子です。相手のことをよく知れば知るほど、普通は好意も親近感もアップしていきます。特にリモートワークではこういう情報交換がなかったら、目の前の仕事限定の表面的な、ビジネスライクな人間関係になってしまうでしょう。これがコロケート環境なら、休憩時間を一緒に過ごすうちに、同僚についての意外な発見が必ずあるものです。例えば、ある同僚はきまって金曜の午後4時きっかりにカプチーノを淹れるとか。しかしリモートワークでは、その種の風変わりな癖や習慣を意識的にシェアすることが大切です。

もちろん自己開示するにあたっては、特定の場面で許されることや許されないことは何か、どの程度の個人情報なら開示してもかまわないか等の境界線を見きわめる必要があります。例えば、最近自分が手術を受けたときの生々しいディテールを、所属するマーケティングチームのメンバーに話して聞かせるのはやめておいた方が無難です。でも、かかりつけの医師の電話健診を受けた話なら、シェアしてもかまわない情報でしょう。自己開示するときはありのままの自分を見せるべきですが、人を不愉快にさせるコメント（性差別発言など）は絶対にアウトです。

## リモートで顧客と信頼関係を構築するには

社内での、同僚や上司や直属の部下との信頼構築が不可欠であることは、リーダーなら誰もが承知しています。社外のパートナー、特に顧客についても同じことがいえます。しかし、感情的、認知的信頼の構築に向けた従来型のメカニズム――会社訪問、接待ディナー、会議など――を利用できない状況になってしまったらどうでしょう？　顧客や社外パートナーとの信頼関係を、どうやって構築すればいいのでしょうか？

あるリーダーはデジタルメディアを活用して、リモート顧客との信頼関係づくりに成功しました。仮に名をジョンとしておきましょう。ジョン率いるチームは、総額５００万ドル余りにのぼる顧客の流動資産の運用を担当しています。顧客にアドバイスをするにあたっては、個々の顧客のニーズや関心に応じたオーダーメイドの投資戦略を立てる必要があります。この業務の核となるのが、顧客との感情的信頼関係の構築です。

資産家顧客との信頼構築や関係づくりは、伝統的には対面で行うものでした。しかし従来の対面型、「ハイタッチ」型の手法は、次第に実践が難しくなってきています。コロナ・パンデミックの勃発によって対面交流がほぼ不可能になる以前からすでに、ジョンのチームでは予算削減や、航空運賃をはじめとする諸経費の値上がりのせいで、顧客との顔合わせは年に2～3回に減っていました。これでは信頼関係を構築・維持するには足りません。そこでチームとしてはバーチャル戦略を採用するしかありませんでした。バーチャル方式は、ある面では対面よりも便利ですが、ある面ではこれまで以上の独創性や、時間や、意識的な行動が求められます。ここでジョンが構築しようとする信頼とは、迅速な信頼でも適度な信頼でもありません。ジョンの例は、バーチャル環境でもデフォルトの認知的信頼や長続きする感情的信頼は築けるという証拠です。

ジョン率いるチームは、これからは顧客との有意義な接触の頻度を増やすことが大切だと考えました。そういう接触ないし顧客接点は、ソーシャルメディア、ビデオ会議、メールなど各種のデジタルツールを使えば生み出せます。目標は、さまざまな方法を駆使して交流機会を増やすことです。次に必要なのは、バーチャルな会話を可能な限りリアルに近づける方法を探ることです。具体的には、TPOにふさわしい服装――フォーマルやカジュアル――をする、自分の顔がなるべくくっきり、印象よく映る照明を選ぶなどです。バーチャルでの対顧客信頼関係の構築に欠かせないもう一つの要素が、簡潔明瞭さです。長々とプレゼンできる対面ミーティングと違って、バーチャルでは重要ポイントを絞り込み、少ない言葉で正確に伝える必要があります。これをジョンの立場で言い換えるなら、社のニュースレターを熟読し、その内容とクライアントのポートフォリオの中身とを比較し、結論を3行で要約して顧客に伝え、間をおかずに電話でフォローする必要があるということです。もっと独創的なやり方もできます。ジョンのチームは他業界からヒントを得て、楽しみながら見てもらえる短編ビデオを制作しました。よくある人気の「ライフハック」ビデオ風に仕立て、新発売の金融商品の特徴を従来型のプレゼンよりはるかに短時間で、はるかにキャッチーな形で簡潔に紹介しました。以上の手法はどれも、顧客の認知的信頼を構築し、ジョンのチームが何百万ドルもの資金を運用するにふさわしい信頼性と経験と知識を備えているという顧客の印象を強化する効果があります。

それだけではありません。ジョンは顧客との感情的接点を生む方法も編み出しました。例えば、顧客の誕生日にバーチャルなサプライズを用意しました。顧客に届ける花を花屋に注文し、配達前に連絡をくれるよう頼んでおきます。花が届く瞬間を見はからって顧客に電話します。電話中に顧客宅の呼び鈴が鳴り、相手はジョンに一言断って玄関へ向かいました。プレゼントが届いた瞬間の顧客の表情をビデオ通話越しにリアルタイムで目撃したことで、ジョンと顧客の関係はユニークな、感情的な進化を遂げました。別のエピソードもあります。コロナ・パンデミックのピーク時に、ジョンのチームメートの1人が顧客にマスクを送りました。これは効果がありました。顧客はちょうど、自分や家族の分のマスクを調達できるかどうか心配していたところだったからです。あなたのことを気にかけていますよというジェスチャーを受けて、顧客の感情的信頼は高まりました。そしてすぐさま、チームメートが提案していた商品に投資してくれと言って資金を送金してきました。

ジョンのチームはさらに、自分たちの職業上のネットワークをユニークな形で活かすことで、顧客との仕事外での接点を増やすことに成功しました。例えば、ソーシャルメディア上に顧客専用の「趣味のグループ」をつくりました。ワインが好きな顧客がいればバーチャルなテイスティング・イベントに招き、選り抜きのワインをプレゼントし、プロのソムリエとジョンのチームメンバーが参加するビデオ通話に招待します。テニスやゴルフが好きな顧客には、プロ選手が出演する短いビデオを贈ります。それぞれの顧客に合わせた内容のビデオです。個々の顧客向けにカスタマイズしたこうした交流は、決してセールスを前面に出したものではないのですが、チームと顧客が距離を隔てても豊かな信頼関係を築き、信頼曲線を急上昇するきっかけとなります。この信頼関係が後になってビジネスにも活きてくるのです。

信頼は、リモートチームの結束を固め、ビジネスの成功を保証してくれる鍵です。仕事の中で、デフォルトの従来型の信頼、つまり共通の環境で長期間にわたって対面のやりとりを重ねることから生まれる信頼がどうしても必要なときもあるでしょう。しかしそれ以外のときは、相手を信頼できないことが証明されない限りはただただ信頼するしかありません。信頼は静的ではなく動的なものなので、信頼曲線をいわば羅針盤として利用し、自分がいま信頼構築プロセスのどのあたりに位置しているのか――急速に高みへ駆け上がっているのか、それとも低層をゆるゆると進んでいるのか――、自分はどのあたりまで到達したいのかを確認するとよいでしょう。所与の状況ではどのくらいのレベルと強度の信頼が必要なのかを、対面の接触がほとんどない中で見きわめるしかないリモート環境では、信頼曲線は頼もしいツールです。いま必要なのはどういうタイプの信頼なのか、その信頼へ到達するまでどのくらい時間がかかりそうかの判断の目安となります。

リモート環境で成功する――

## リモートチームにおける信頼構築

●**「適度な信頼」を確保しよう。**リモートワーク環境では、完璧な信頼を求めるよりも、情報収集や業務遂行にとって必要十分なレベルの信頼を構築することが大切です。チームのタスクを達成する上でメンバーの行動や発言が信頼に足ると見きわめるためには、どのような情報があればいいのか。そこを観察し、学習し、判断することです。

**●まずは信頼しよう。**チームのタスクを遂行するために信頼関係が必要だというなら、まずは迅速に、必要十分なだけメンバーを信頼しましょう。メンバーの能力の判断材料となる情報をチェックし、限定つきで相手を信頼します。その一方で、今後も相手を信頼し続けられるか否かの判断材料を積み重ねていけばいいのです。

**●「直接情報」を収集しよう。**お互いの仕事環境への理解が深まれば、信頼関係も強まります。

**●同僚の目に映る自分の姿を知ろう。**同僚の視点に立ち、自分という人間や自分の行動が相手からどう見えるかを認識すれば、有意義な信頼関係を築けるようになります。

**●自己開示しよう。**時間をかけた触れ合いや対面の接触なしに感情的信頼を構築するのは、なかなか困難です。お互いへの好意から成る感情的絆を背景に、相手への気持ちや気遣いを伝え合うのが感情的信頼です。感情的信頼を築くためには、自分がどんな人間で、いまどのような状況にあるかをチームメンバーに積極的に開示する必要があります。自分の情報を出すことでチームメンバーとの距離が縮まり、感情的信頼関係が生まれます。

**●対面に代わる新たな顧客接触ルートを開拓しよう。**顧客のニーズを見きわめ、認知的・感情的信頼関係の構築につながるバーチャル体験を提供しましょう。認知的と感情的、どちらの信頼も確保したいものです。デジタルツールを駆使すれば、ユニークで有意義な体験を顧客と共有でき、この人は自分を気にかけてくれる信頼に足る担当者だな、と思ってもらえます。

第3章

# リモートチームの生産性を上げるには

Can My Team Really Be Productive Remotely?

読者のみなさんがリモートチームのリーダーだとしたら、チームの生産性に不安があるのではないでしょうか。生産性をどう評価するのか。業務の進み具合をどう把握するのか。オフィスを離れた部下が仕事に集中できなかったり、ダラけたりしたら？　ネットフリックス、かまってちゃんなペット、ちょっとした用足し、際限のない友達付き合いなどの誘惑に駆られて仕事をサボる部下がいないとも限りません。いかに真面目な社員でも、ずっと自宅で仕事をしていたらリモートワークの物理的、心理的な壁を乗り越えられないときもあるでしょう。

全面的リモート体制だろうがコロケートとの混合形態だろうが、チームリーダーには遂行すべき業務があり、責任があり、コミットメントがあります。しかしメンバーが果たしてそこをちゃんとわかっているのか、リーダーとしては心配になってきます。メンバーとのつながりを保つのも、仕事に専心集中できる自宅環境を整えるのも容易なことではありません。そんな中で、リーダーとして十分な自制心や判断力を保てているでしょうか？　逆に、ついつい昼も夜もぶっ通しで仕事にのめり込んでしまって、これでは生産性は上がっても家族との絆やプライベートが犠牲になるのではという不安に駆られることはないでしょうか？

リーダーとしては、指揮下のリモートチームがチーム目標を達成できるかどうかも気になります。チームの成果は自分の責任ですからなおさらです。なのに部下の仕事ぶりをじかに目にできずにいると、最悪のシナリオが頭をよぎってしまいます。チームが本格的にリモート環境へ移行した場合、リモートならではの落とし穴があるのは確かです。しかし実をいえばコロケート環境でも、上司がいくら部下の生産性を監督しようとしても限界があります。部下と話し合って締め切りを設定しても、部下が必ず締め切りまでに報告書を上げてくれるとは限りません。新たに導入したソフトウェアが故障することもあるでしょう。顧客が担当者のことで苦情を言ってくることもあるでしょう。ガラス張りのオフィスにどっしりすわって、機械を組み立てている工員たちを見下ろしていた19世紀の工場長とはわけが違います。上司が部下のやっていること、やっていないことを完全に把握していた日々は、工業の時代の終焉とともにとっくに過ぎ去りました。ところが、リモートチームを掌握できないのではという焦燥に駆られて、各種の監視テクノロジーを導入している企業が少なくありません。離れたところからでもリモートチームの生産性を維持したい一心からです。

本章ではまず、監視技術やトラッキングツールの導入が生産性にとって却ってマイナスになりがちな実情を取り上げます。その上で、どうすればチームの生産性を上げられるかという、より根本的な問題を考えていきます。考える手がかりとして、著名な社会学者であり、チーム研究のパイオニアである故J・リチャード・ハックマンの理論を紹介します。ハックマンは、チームが成功する、つまり生産性を発揮するために必要な「条件」の解明をライフワークにしていた人です。リモートワークという働き方そのものは、何十年も前から存在しています。ということは、リモートワークの生産性データには事欠かないということです。データによれば、実は朗報はいくらでもあります。どうすればオフィスを離れても高い生産性を発揮できるのでしょうか？　リモートワーカーは一般に、リモート環境にともなう自律性やフレキシビリティを歓迎します。しかし他方では苦労もあります。所属チームとのつながりを実感しにくい、仕事と家庭生活との線引きが難しい、自宅だとなかなか集中できないなどです。本章末尾に、リモートワークで生産性を上げる条件づくりに向けたアドバイスを載せました。

## 生産性監視ツール

あるEコマース企業に勤める25歳の社員のところへ、上司からメールが届きました。開封したときの彼女のショックを想像してみてください。メールには、あるソフトウェアをパソコンにインストールせよとありました。パソコンのキーボード操作や、どんなウェブサイトを閲覧したかを追跡できるソフトです。メールを読み進むにつれて、ショックはますます大きくなりました。パソコンにソフトをインストールするだけではなく、私物のスマートフォンにもGPSトラッカーをダウンロードせよというのです。狙いは、社員の仕事ぶりを1日中追尾して社の生産性を確保することにあります。

別の会社のある社員は、勤め先があるデジタルデバイスを導入したときのいたたまれなさと不安を語ってくれました。10分ごとに、パソコンに向かう社員の写真を撮影するデバイスです。リモートワーク社員がサボるのを防ぐのが目的です。このデバイスは社員の休憩時間まで監視しており、勤務再開時刻の1分前になるとポップアップメッセージが出ます。仕事に戻らないと勤務時間記録が中断しますよ、という警告です。その社員は時給制勤務なので、中断すれば収入が減ってしまいます。ポップアップの恐怖は絶えず彼女にのしかかりました。トイレに行くためパソコンの前を離れたり、仕事と直接関係ない電話に出たりするたびにです。

オーストラリアのある翻訳会社では、マネジャーは請負業者のデスクトップパソコンの画面にいま、どんなウィンドウが開いているかを1日中のぞくことができます。カーソルの動きも逐一チェックできます。請負業者のメールボックスにはマネジャーからの進捗確認メールがあふれんばかりに届き、即座に返信を求められます。皮肉なことに、全員が同じ物理的空間にいた頃はこんな過酷な措置は存在しませんでした。見張っていなければ従業員は何をするかわからないという会社側の不安の原因は、組織目標を達成しなくてはならないのに、達成に向けた従業員の日々の仕事ぶりをじかに目にできないことにあります。

この手の監視ツールは、ツール製造業界では「意識テクノロジー（awareness technology）」と呼ばれます。コネティカット州に本社を置くあるメーカーは、コロナによって膨大な働き手がリモート化した結果、売上が3倍に跳ね上がりました。同社に言わせると、監視ツールはただそこにあるだけでも、誰も見ていなければ仕事をサボりたいという人間の性《さが》を抑え込む効果があるといいます。身も蓋もない言い方をするなら、ビッグ・ブラザー［ジョージ・オーウェルの近未来小説『1984年』に登場する、架空の全体主義国家の最高指導者。24時間、全国民を監視下に置いている］の監視の目がなければ従業員はきっと怠けるはず、という発想です。あるソーシャルメディア・マーケティング企業の社長も、どうやらこの説の支持者のようです。リモート化がスタートして社員の姿が（文字通り）視界から消えると、その社長はすぐさまデジタル監視ツールを導入しました。業務の進行ぶりが見えなくなったとたんに湧き起こってきた不安を解消するとともに、リモート化で生産性が低下するのではという懸念を和らげたい一念からです。しかしプライバシー擁護派は、デジタル監視ツールが働き手の生活に急速に浸透しつつあり、あわよくば定着すらしそうな勢いを見せていることに反発しています。いくら監視ツールのメーカーがサボり防止効果をうたっても、管理職が部下の生産性データを収集できて心安らかになってもです。

リモートワーカー用の追跡ツールは全部が全部、監視目的で導入されるわけではありません。管理職の中には、リモート勤務中はずっとビデオカメラとマイクをオンにしておくよう部下に指示することで、コロケート職場と同じ、常に同僚が周りにいる環境を再現しようとする人もいます。チームメートの声や映像の存在――たとえコンピュータ画面のウィンドウの枠内だけだとしても――によって、リモートワークにつきものの孤独感を打破すること、気分が乗れば同僚同士自然発生的なやりとりを楽しんでもらうことが狙いです。

あからさまな生産性監視ツールとして導入されようが、同僚と常時つながっていることを可能にする害のない手段として採用されようが、監視ツールは従業員には不評です。監視ツールがあると、社員が自意識過剰になったあげく不安感が高じるだけではありません。士気が低下し、しまいには勤め先への忠誠心さえ薄れてしまいます。たいていの社員は、監視を拒否すれば職を失うのではないかという恐怖から干渉を受け入れているにすぎません。いまのような不況下ではなおさらです。辞めても困らない場合は、辞める人も少なくありません。コンサルティング会社アクセンチュア社の分析によれば、監視ツールの視線にさらされた従業員は激しいストレスと無力感を感じるようになるといいます。同じくコンサルティング会社デロイト社が行ったアンケートによれば、ミレニアル世代［1980年代～2000年代前半生まれ。デジタルネイティブとも呼ばれる］は、勤務先が社員の幸せよりも利益を優先すると感じたら会社を辞めると回答しています。同じアンケートの結果、監視ツールは、それによっていわば恩恵を受けるはずの人々にとっても不穏な存在であることがわかりました。調査対象の経営幹部のなんと70％もが、監視データの利用に懸念を感じていると回答したのです。

リーダーは、デジタル監視ツールの利用にともなうリスクを認識すべきです。たとえ良かれと思って導入したとしても、デジタル監視ツールの存在自体が、会社と社員の間に信頼関係がないことの表れです。ある日突然リモートワーク体制になって、なんとか社員を掌握しようとして利用する場合はなおさらです。おまえを信頼していないというメッセージを部下に送れば、チームワーク成功の土台が崩れてしまいます。生産的なチームに必要な根本条件が欠けているとしたら、いくら「意識テクノロジー」その他の生産性強化装置を導入しても何の意味もないでしょう。

## チームの生産性評価

チームやチームの生産性について語るなら、J・リチャード・ハックマンの研究成果を学ばずには語れないでしょう。チームダイナミクスを彼ほど理解した人はいません。ハックマンはみずから飛行機のコックピットに乗り込んだことや、意外なシチュエーションでのチームワークを調査対象にしたことでも有名です。彼は40年にわたって、考えられるあらゆる状況下のチームを研究しました。大企業の経営幹部チーム、オーケストラ、CIAのアナリストチーム、病院の医療チーム、航空機のフライトクルーなどなど。長年教鞭をとったハーバード大学でも、人材育成分野のハックマンの業績は伝説となっていました。彼が部屋に入ってくると、その存在感が室内を圧倒し、低く太い声がみなの注意を引きつけました。セミナーの司会をしていようが、1対1で雑談していようが、ハックマンはなぜかいつ見ても知的な議論の真っ最中で、猛然と持論をまくしたて、経験的証拠を並べたてていたものです。亡くなった後になって、身長が6フィート［約183センチメートル］ちょっとしかなかったと知って驚きました。そびえ立つような存在感のおかげで、実際より何インチも高く見えたからです。ハックマンは、私も含めて少なくとも2世代にわたる研究者の理論やチームのあり方に大きな影響を与えました。

ハックマンは、チームパフォーマンスを一連の基準によって評価できることを発見しました。後世に残る彼の功績の一つに挙げられるのが、チームの成功度をはかる次の三つの基準を打ち立てたことです。業界や状況を問わず、どんなケースにも当てはまる汎用の基準です。(1)「結果」、つまりチームに課せられた目標を達成できているかどうか。(2)「個の成長」、つまり個々のチームメンバーの成長と充実感を促進できているかどうか。(3)「チームの結束」、つまりチームが一体となって機能できているかどうか、の三つです。後で述べるようにこの三つの基準は、生産性の名を借りた監視がリモートワーカーや組織にもたらす機能不全を説明する上でも有用です。

「結果」を出しているかどうかは、生産性評価にあたって問われる最大の論点の一つでしょう。顧客志向のプロジェクトなら、結果を出しているチームとはすなわち、顧客のニーズに応える商品やサービスを提供できているチームということになるでしょう。これに対して社内志向のプロジェクトでは、結果を出しているチーム＝求められた任務をきっちり遂行しているチームです。具体的には、戦略チームなら戦略立案に成功する、オペレーションチームならオペレーション実施に成功する、技術チームならテクノロジー運用に成功する、などです。もちろん、何をもってプロジェクトや業務遂行の「成功」というかについては、あらゆるケースに当てはまる定義は存在しません。製品開発チームが予算の枠内で、デッドラインに間に合わせて製品を発売し、上層部や株主の期待には応えた反面、品質を犠牲にして消費者を失望させるというケースもありえます。求められるゴールが何なのかは、チームごとに自分たちで明確化するしかありません。

チームのパフォーマンス評価の第2の基準は、個々のメンバーのチーム体験と関係しています。自分はこのチームに所属することで充実できているか、「個の成長」を実現できているかどうか。そこをチームメートが気にかけてくれていると実感できるようなら、そのチームは成功だといえます。こうしたチームにおけるチームワークは、個々のメンバーが知識を広げ、新たなスキルを獲得し、新たな視点に触れるチャンスとなります。仮にこうしたチャンスが、チームとしての目に見える結果にダイレクトには影響しなくても、個の成長は仕事満足度の上昇につながり、それがひいてはチーム全体の生産性強化につながることが多いのです。「個の成長」基準を満たしていないチームでは、メンバーが不満を抱きがちです。誰でも一度やそこらは、このチームにいても成長できない、他のメンバーが自分の気持ちに応えてくれないと感じるような環境で仕事をした経験があるのではないでしょうか。これでは参加意欲を削がれます。結果を出せるチームになるためには個々のメンバーが、チームでの自分の役割や、自分がチームに何を提供できるのか、チームが自分に何を提供してくれるのかを肯定的に捉えられることが大切です。

三つ目の基準である「チームの結束」は、チームがどのくらい一体として機能できているかを評価するものです。チームが結束するためにはメンバー一人一人が、自分の狭い縄張りの中だけで仕事をするのではなく、チームワークのスキルを身につける必要があります。この学習プロセスに欠かせない要素が、人間的なつながりです。チームが一体となって効率よく連携するためには、チームメートとの十分な絆を実感できることが必要です。結束プロセスには時間がかかります。メンバーは共同作業を通して、連携強化や、チームスキル育成や、チーム効率最大化に向けた戦略を形成していきます。

## リモートワークは生産性向上に有利

いいニュースがあります。管理職は本能的な不安に駆られて監視ツールに頼りがちですが、その不安には実は根拠がありません。調査によれば、リモートワークは決して生産性にとって脅威ではありません。それどころか、リモート化によって生産性はむしろ向上します。監視ツールを導入する管理職は、生産性についてのある重要な事実を見逃しています。生産性は「チームが出す結果」「個の成長」「チームの結束」という3本柱から生まれるという事実です。以下で述べるように、リモートワークのもつ特性はいろんな意味でこの3本柱に沿っています。例えば、チームが出す結果と個の成長との相関関係についていえば、在宅ワークの方が個々の社員がより柔軟にスケジュールを組めるし、仕事環境を自分の好きなように整えられるし（エアコンの設定温度をめぐる戦いよさらば）、通勤時間も節約できます。本章の後の方で、リモートワークで生産性を上げたいなら実践すべき主な方策を紹介します。

しかしまずは、生産性についてわかっていることをざっとおさらいしてみましょう。

現代型リモートワークの効率性の研究は、ビジネス界でも学界でもすでに30年近く前から行われてきました。ここで現代型というのは、デジタルツールによって可能になったバーチャルな勤務形態を指します（間違っても1600年代後半の分散勤務体制の話ではありません。念のため説明しておきますと、当時、ロンドンの商人たちが大西洋を渡って北米東海岸へ出向き、入植者の協力を得て手がけた事業のことです）。「はじめに」でも述べたように、現代型リモートワーク実験に真っ先に踏み切ったのはハイテク製品メーカーでした。1993年にシスコ社がシリコンバレーでリモートワーク体制を立ち上げると、全社員の90％余りが、どこで仕事してもよいというこの壮大な実験に参加しました。仕事場は各人が自由に選んでよいことになりました。コーヒーショップでも自宅のキッチンテーブルでも、もちろんオフィスでもかまわないというのです。オフィスに出勤する社員が減った結果、シスコ社はオフィス物件の高額な維持費の節約という財務上のメリットにあずかりました。同社の発表によれば、リモート化のおかげで社員の集中力や熱意が向上し、結果的に生産性も伸びて、その後10年間で総額1億9500万ドルのコスト削減を果たしたとのことです。

同じくハイテク企業のサン・マイクロシステムズ社は、（2009年にオラクルに買収される10年前に早くも）各地に分散した多様な働き手が複数のタイムゾーンや部署の壁を超えて連携して業務を進める体制を構築しました。分散型チーム構造ならではのニーズに加えて、働き方をもっとフレキシブルにしてほしいという社員からの声もありました。こうした要請を背景に、経営陣は1995年から働き方のブレーンストーミングに着手し、最終的に「オープンワーク」と称するリモートワーク・プログラムを設計し立ち上げたのです。社員がいつでも、どこからでも、どんなテクノロジーを使っても仕事ができるようにすべきだというのが経営陣の結論でした。当時はかなり奇抜な発想とみられたものです。

シスコ社のプログラムと同様、オープンワークも3本柱のアプローチを採用しました。テクノロジーと、ツールと、支援プロセス（重要度順）です。1995年当時、インターネット接続は容易ではなかったことを思い出してください。携帯電話もまだあまり普及していなかったし、ブルートゥースやクラウドは存在すらしませんでした。そこでオープンワークでは「モビリティ・ウィズ・セキュリティ」をうたい文句に、一連の支援テクノロジーを提供し、社員が複数の仕事場を行き来しつつ、いつでも自分のコンピュータ環境にモバイルアクセスできるようにしました。当時としては画期的な第2の新機軸は、日によって好きなワークスペースを利用できるというものでした。サン社の社屋、ドロップイン・オフィス［自由に立ち寄って利用できるオフィス］、ホテリングオフィス［決まった自席がなく、必要に応じて席を選べるオフィス］、取引先の会社などです。第3に、社員は自宅で仕事をしてもいいし、自宅以外のスペースが必要なら社のオフィスで仕事をしてもいいことにしました。オープンワーク制度を利用しやすくするため、モバイル社員には月額手当を支給しました。インターネットや電話やハードウェアの費用をまかなうためです。今日では地域のシェアオフィスがビジネスとして活況を呈しており、一つのライフスタイルともなっています。マサチューセッツ州に自宅待機令が出る少し前、私の地元のステープルズ［オフィス用品の量販店］が改装して、小ぎれいなシェアワークスペースができました。地域の集まりに使えるフリースペースもあります。しかしいまから25年前には、サン社のような会社が社員を新たな働き方に適応させるためには研修が必要でした。

サン社のリモートワーク・プログラムがスタートすると、全社員の3分の1ほどが参加を決めました。参加社員は通常の勤務日に、所属するオフィスビルを使わないことになります。同プログラムは人気があったようで、発足から10年も経たないうちに参加者の比率は倍になり、全社員のおよそ60％が参加するまでになりました。そこで社は、所有オフィス物件を15％以上減らし、5億ドル近いコスト削減に成功したのです。

企業のこうした動きに経営学者も注目し、リモート社員の勤務体験はオンサイト社員と比べていいのか悪いのかを探り始めました。ある調査では、「オフィスを離れた方が社員の生産性は向上するのではないか」という仮説を立てました。通勤にともなう時間やストレスを耐え忍ぶ必要もないし、自分の都合に合わせた働き方ができるから、チームメートとの関係さえ良好なら仕事満足度も改善するはずだと。調査の結果、仮説どおりであることが証明されました。リモートワーカーはロジスティクス面のメリットに満足していることがわかったのです。朝一のミーティングに間に合うかどうかの心配も要りません。車で通勤中、いつまでも変わらない信号を眺めていなくてもいいし、渋滞にしびれを切らして強引に車線変更する車をよける必要もありません。狭苦しい運転席や混み合ったバスで腰痛になることもありません。同調査によれば、自宅のキッチンからデスクまで移動すれば即、仕事にかかれるリモートワーカーの方が、オフィスへ通勤する同僚よりも生産性が30％高いという結果が出ました。

これは米国に限った現象なのか、それとも文化が違っても同じような生産性向上効果がみられるのでしょうか？　例えば中国企業でリモートワーク実験をしてみたら、どのような結果になるでしょうか？　中国では、組織における個人のニーズと集団のニーズとの線引きをめぐる文化規範が米国とは違います。ある経済学者グループが、中国最大手の旅行代理店、シートリップ［現社名はトリップ・ドットコム・グループ］を対象に、在宅ワーク体制がパフォーマンスや生産性に及ぼす効果を検証しました。調査論文の筆者の1人ジェームズ・リャンは同社の共同創業者でもあるため、調査結果は彼自身の利害にも関わる問題でした。上海コールセンターの従業員996人に、在宅勤務をしてみる気はあるかと質問したところ、興味深いことに約半数が興味を示しました。しかし社の在宅ワーク条件をクリアしていたのは249人しかいませんでした。勤続6カ月以上で、ブロードバンド環境があって、自宅に自分だけの仕事スペースを確保できるという条件です。調査では、有資格者の中から無作為に抽出した従業員125人に在宅勤務してもらい、残る半数にはこれまでどおり職場へ通勤してもらいました。それ以外の勤務条件はすべて従来のままとしました。続く9カ月間、両グループ共に顧客対応業務を続けました。

9カ月後、どのような結果が出たと思いますか？　在宅ワークが当人たちに好評だっただけでなく、両グループが電話対応態勢にあった時間を比較すると、通勤者よりリモートワーカーの方が生産性は13％高く、離職率は50％低いことがわかりました。全実験期間を通して、同社の総生産性は20～30％改善し、リモートワーク社員1人あたり年間2000ドルのコスト節約効果が上がりました。節約分は主にオフィス面積の縮小、パフォーマンス改善、離職率低下によるものです。調査結果に勢いづいた同社は、リモートワークの選択肢を全社員に拡大しました。リモート勤務に切り替えた社員の生産性は、コロケート時の倍の22％まで上昇しました。

紹介してきた実例をみる限り、社員のパフォーマンスをいくつもの基準に照らして厳しく評価する営利セクターでリモートワークを導入した場合、生産性面でもコスト面でもメリットがあるのは明らかです。ではこれが、四半期業績を気にする必要のない米連邦政府職員ならどうでしょう？　研究者ラジ・チョードリー［ハーバード・ビジネス・スクール准教授］は、同僚のシーラス・フォルーギーとバーバラ・ラーソンと共に、米国特許商標庁（USPTO）の協力を得て、政府職員である特許審査官をリモート勤務にしたら、果たして生産性が上昇するのかを調べました。

米特許商標庁の本拠地はバージニア州アレクサンドリアにあり、オフィスは全11棟のビルに分散しています。同庁の最大の任務は、合衆国憲法第8条8項に定める「著作者および発明者に対し、一定期間その著作および発明に対する独占的権利を保障することにより、学術および有益な技芸の進歩を促進する」という目的を達成することにあります。

米国市民が何か独自のアイデアを思いつき、特許による保護を求める場合は、特許商標庁へ行って担当の特許審査官に対応してもらいます。グローバルなコラボレーションに関するソフトウェア・シミュレーションで特許を取得した私自身の経験からいえば、特許の申請から取得までは何年もかかることがあります。審査官は熟練した職員ですが、申請処理を急いではくれません。特許審査にあたっては長たらしい、細かい、専門性の高い書類を複数のルートで入念に吟味しなければならず、手続きが滞ったり行き詰まったりする可能性はいくらでもあります。

チョードリーらは、特許商標庁のリモートワーク制度2種類を調査しました。一つは、オフィスから約50マイル［約80キロメートル］以遠に住む職員向けの、どこでも好きなところで仕事をしてよいという制度です。もう一つは、最大で週4日間まで在宅ワークを認める制度です。制度に参加するには、2年以上の良好な勤務実績があることが条件です。条件をクリアした審査官約800人が調査に参加しました。「どこでもワーク制度」と「在宅ワーク制度」を比較すると、仕事場所を自由に選べるグループの方が、アウトプットが4・4％高いという結果が出ました。ここでもリモート化による生産性向上の効果は明らかです。もっといえば、勤務場所を自由に選べることが働き手にとって大きな価値をもつことがわかります。自律的に働きたいという願望は、一貫してはっきりとみられるパターンです。そして、この願望をかなえる絶好の方法がリモートワークなのです。

## リモートワーカーには自律性が必要

リモートワークがうまくいくかどうかは、自分の業務進行を自分で管理できるというリモートの強みを自律的に活用できるかどうかにかかっています。「個の成長」が重要だというハックマンの洞察を延長すれば、どこで、どんな風に働くかをリモートワーカー自身が選べることも大切だといえます。事実、何十年来のリモートワーク研究を通じて、自律性は一貫して仕事満足度やパフォーマンスの核心を成しています。ここでいう「自律性(autonomy)」とは、「自分で自分をコントロールできる」環境にあることを意味します。リモートワークに即していえば、働く時間も場所もフレキシブルに決められるということです。チームメートと共同作業すべき時間帯は別にして、自分がどこで、いつ、どんな風に働くかを自分でコントロールできるかどうかはきわめて重要です。しかもそれには立派な理由があります。自律性は自分が信頼され、あてにされている証拠であり(それが自信につながります)、プロジェクトに対する主体性を生み(それがプロジェクト成功への個人的コミットメントにつながります)、個人の都合に合わせた勤務スケジュール設定を可能にします(それが効率改善につながります)。

最後に挙げたメリット、つまり勤務スケジュールをフレキシブルに設定できることは、仕事と家庭を同時にやりくりしなくてはならないリモートワーカーにとってはとりわけ貴重であり、リモートワークの大きなメリットとしてよく挙げられます。本章の冒頭で述べたような監視システムが及ぼす影響は、自律性が及ぼす効果とはまさに正反対です。監視ツールは社員に対する、おまえたちは信頼できないしあてにならない、というメッセージです。するとチームプロジェクトへのメンバーの主体性は低下し、勤務スケジュールは固定化します。

典型的な過剰矯正です。ちょうど拘束衣のようなものです。被拘束者の一切の動きを封じることで、まず起こりそうもない最悪のシナリオを未然に防止しようとする発想です。

自律性は本当に、仕事満足度や個々人のパフォーマンスを左右するのでしょうか？　大手電気通信会社の社員を対象に行われた、ある継続的アンケート調査があります。参加者中83人がリモートワーカーで、144人がオフィス通勤者でした。回答によれば、リモートワーカーの方が自律性が大幅に高く、部署の壁を超えたコラボレーション・プロジェクト件数が多く、自身のキャリアアップへの期待が高く、さらにオフィスで働く同僚と比べて、いわゆるストレイン・ベース［一つの役割で生じたストレスが別の役割の遂行を妨げること］のワーク・ファミリー・コンフリクト（仕事と家庭の両立をめぐる葛藤）に費やす時間が大幅に少ないという結果になりました。調査の結論によれば、働き方のフレキシビリティやコントロールの幅が大きいことが、仕事・家庭間の葛藤が減る最大の要因ではないかといいます。さらにリモートワーカーは、キャリア支援を受ける度合いは通勤者に比べて少ないと感じている——おそらく上司と過ごす時間がごく限られているせいでしょう——にもかかわらず、リモートがキャリアアップの障害だとは特に感じていないこともわかりました。

自律性があれば、つまり自分で自分をコントロールできる環境なら、コミットメントも生まれます。対象が組織であれ大義であれアイデアであれ、何かにコミットしている人ほど、目標達成に向けて努力するものです。コミットメントがあれば社員引き止め策は要りません。そして社員の勤続は生産性改善につながります。会社にしてみたら、わざわざ新人の採用・研修を繰り返さなくても、経験豊かな社員集団に頼れるからです。調査によれば、リモートワーク制度のもとでフレキシブルな働き方をするようになると、会社や業務パフォーマンスへの社員のコミットメントが改善し、離職率が減ることが明らかになっています。ただしこうした効果は、疲労感があると低下します。当然ながら、疲れるとコントロール感も薄れがちです。そしてコントロール感は一般に、仕事満足度の最大の要因です。大量の仕事に追われて疲れがたまれば、リモートワークのメリットであるはずのフレキシビリティを実感することさえできなくなっていきます。

ある研究者グループが、仮にリモートチームが少人数チームではなく、米国全土に展開する大規模なチームだったら自律性事情もまた違ってくるのだろうかという疑問を抱きました。そこでアンケート、インタビュー、管理職によるパフォーマンス評価など複数の手法を用いて、社員の行動や生産性を調査しました。対象社員は計1000人ほどで、リモートワーカーもいればそうでない社員もいました。調査の結果、これまでの調査と同様のパターンが浮き彫りになりました。つまり自分の仕事を自分でコントロールできていると感じている社員の方がそうでない社員よりも、離職希望も、仕事・家庭間の葛藤も、うつ傾向も大幅に低かったのです。

## リモートワーカーには仕事がしやすい環境が必要

ソフトウェア技術者のショーンは、ある電子ゲーム会社のリモート社員です。物心ついてこのかた、ショーンには好きなものが二つありました。プログラミングと電子ゲームです。ショーンの所属チームは、どんな技術的な難題でも解いてしまうショーンの手腕に敬服していました。問題とみればどこまでも突き詰めていくタイプなのです。ショーンはいまのチームで働くのが好きでした。若い頃は時間を選ばず外界をシャットアウトして、何時間でもぶっ通しでプログラミングというクリエイティブな作業に没頭できていました。朝食やランチを食べ忘れることもあるくらいでした。ひたすらコンピュータ画面だけに集中し、最終的には何千行ものコードを鮮やかに書き上げることができたのです。ところが、大学時代からの彼女と幸せな結婚をしたとき、ショーンの人生は変わり始めました。夫妻は娘と息子、2人の子に恵まれました。いまやショーンの愛情の対象は、大事な順に家族、プログラミング、電子ゲームになりました。しかし、次第に家庭への不満がつのり始めました。かつては研ぎ澄まされた集中力を武器にチームに貢献し、担当業務を遂行していたショーンですが、もはやそんな集中は望めません。妻は、ショーンは四六時中、食事のときでさえ仕事のことばかり考えていると不平を言いました。ショーン自身も、家庭内のどうでもいいようなことで絶えず仕事を邪魔されているような気がしてイライラしてきました。家が狭いのも問題でした。雑音もひっきりなしです。でもショーン一家の経済力では、自宅環境を変える余裕はありません。社会人になって初めて、リモートワークをやめようかという考えが浮かんできました。仕事と家庭の境界線が、耐えがたいほど曖昧になりつつありました。

在宅ワークで仕事と家庭のバランスを取ろうとして苦戦したのはショーンだけではありません。コロナ流行下で自宅待機令が出た結果、世界中の膨大な働き手が、仕事と家庭の境界線が曖昧になる体験をしました。仕事と家庭生活との線引きが当たり前だった人にとっては、衝撃的な事態です。少なくとも一部の文化においては、家庭の事情は同僚や職場にはオープンにしないのが普通です。もちろん勤め人としては、会社は社員の幸せを気にかけてくれていると思いたいし、現に思ってもいるでしょうが、会社が社員の私生活に首を突っ込むには限度があります。私の同僚のラクシュミ・ラマラジャン［ハーバード・ビジネス・スクール准教授］の持論によれば、人間にはいくつものアイデンティティがあります。職業人にも、何かの専門家、タスクフォースの一員、全国規模の協会の会員、子どもの親などの顔があります。みなさんもよくご存じのように、複数の顔をもつことにはメリットもあります。その方が人生が豊かになるし、世界が広がります。しかし他方では、職業人としての世界の内外で何パターンもの行動・価値観の間を飛び回ったり調整したりという苦労もつきまといます。

特に在宅のリモートワーカーの場合は、在宅である以上、仕事と家庭生活の切り替えを強いられます。子どものいる人にとっては、リモートワークならフレキシブルに家族の時間を確保したり子どもの世話をしたり――学校の送り迎え、宿題をさせる、食事など――できるというメリットがあります。一方では、リモートワークから生じる仕事・家庭間の葛藤は女性より男性の方が顕著だという調査結果もあります。

リモートで成果を上げられるか否かは、自宅環境――ワークスペース、テクノロジーインフラ、プライバシー、家族など――に左右されることも少なくありません。リモートワークでは確かに働く時間や場所をフレキシブルに選べますが、フレキシビリティの強みが発揮されるのは、自宅環境が仕事の足かせになるのではなく補強手段になると本人が思える場合に限ります。もちろん、この問題は世帯規模によって緩和することもあれば悪化することもあります。同居家族が多い人より少ない人の方が、邪魔が入る可能性は減ります。自宅の仕事場が十分に広いかどうかも、満足度を左右します。狭苦しいアパートや、寝室の片隅に間に合わせにこしらえたワークスペースだと、落ち着かないことこの上なく、ともすると集中力が乱れます。ベッドや食卓で仕事もすれば寝たり食べたりもするという生活だと、「家で仕事をしている」というより「仕事場で暮らしている」ような気分に陥りかねません。ショーンの場合は幼児の出現によって自宅環境が変わったわけですが、人によってはルームメイトがいたり、何世代もが同居していたりする結果、仕事満足度が低下するケースも多いでしょう。

自宅環境は働き手の幸福感にも影響します。調査によれば一般論としては、在宅ワーク体制のもとで勤務時間がフレキシブルになり、仕事と家庭のバランスがとりやすくなると働き手の幸福感も改善し、結果として仕事満足度と生産性も上昇することがわかっています。しかし、人によっては公私の境界線が曖昧になったり、自宅環境次第では持続的作業に必要な集中力が途切れてしまったりする結果、葛藤や不安感が生じることがあります。在宅ワークがうまくいくかどうかは、自宅がどういう環境か、どういう同居人がいるかにかかっているのです。

## リモートチームには結束が必要

リモートワークとコロケートワークのもっとも本質的な違いは、両者のもっとも顕著な違いでもあります。職場でかかわるがわる自分を楽しませてくれたり支えてくれたりイラつかせてくれたりした（またはこちらが楽しませたり支えたりイラつかせたりしていた）同僚は、もうそばにいません。同僚がコンピュータ画面をのぞき込んでいるところや、廊下を歩いているところを目にすることもありません。会議室から話し声が響いてくることも、コーヒーコーナーから笑い声が聞こえてくることもありません。「リモート（遠隔）」とは言葉のとおり、遠く隔たって手が届かず、つながりを断たれた状態なのです。それなのに「密に結束したリモートチーム」などと言ったら、矛盾としか思えないでしょう。

しかし、同僚との生産的で満足できる関係は決して、物理的にそばにいないと成り立たないものではありません。リモートだろうとコロケートだろうと、メンバー同士が連携して効率よく仕事を進められるかどうか。それがチームの結束ということです。結束したチームでは、チームメートは認知的、感情的絆で結ばれ、一体となって共通の目標を目指します。自分たちが信頼曲線のどのあたりに位置しているかを自覚し、日々コミュニケーションを取り合い、役割分担をきっちり調整し合います。お互いを頼りにし、信頼し、高く評価し、互いの得意・不得意分野から学びます。意見が対立すれば正面から向き合い、力を合わせて解決策を探ります。同じ場所にいることは、チーム結束の必須条件ではありません。研究の結果、全勤務時間に占める対面のやりとりの割合がわずか10％しかないリモートチームでも、生産的なチームワークはできることが明らかになっています。

リモートチームが結束できるかどうかは、次の二つの相関した要因によって決まります。

一つは「他のメンバーとやりとりする頻度」、もう一つは「メンバー間のやりとりから形成される人間関係の質」です。メンバー全員が同じ職場にいることよりも、メンバーが「自分もチームの一員」だとどの程度実感できるか（インクルージョン）の方が重要です。つまり、チーム内で自分が認められ、チームに帰属し、チーム活動の進捗についていっていると思えるかどうかです。ある大手ハイテク企業を対象に2008年に行われたアンケート調査があります。社員のかなりの割合を占める在宅ワーカーの「仕事上の孤独感」を調査したものです。調査では「UCLA孤独感尺度」という、長年定評があり広く利用されているアンケート方式を使用しました。回答者に複数の記述を読んでもらい、それらの記述が自身の実体験とどの程度一致しているかを、1から4まででランクづけしてもらいます。例えばこういう記述です。「自分のキャリアアップに役立ちそうな活動やミーティングから外されていると感じる」「蚊帳の外に置かれていると感じる」「同僚と会えなくて寂しい」など。アンケート結果と社員の生産性データとを比較した結果、「リモートワーカーが仕事上感じる孤独感と職務パフォーマンスとの間には負の相関関係がある」ことがわかりました。

「仕事上の孤独感（アイソレーション）」を評価するのに「孤独感（ロンリネス）尺度」を使うのは的を射ています。近年の研究の結果、「孤独感」が深刻な健康問題であることが明らかになったからです。それは1日15本タバコを吸うのに匹敵するほどです。同じ研究によれば、孤独感の最大の〝治療法〟は、有意義な人間関係だそうです。UCLA孤独感尺度を用いて、孤独感という普遍的心境を評価することで、仕事上の孤独感についてどのようなことがわかるのでしょうか？　アンケートの全20項目のうち、物理的な近さに触れたものは実は一つもありません。逆に、「周りに人がいても、一緒にいるような気がしない」ことがあるか、という設問ならあります。つまり、周囲に人がいても孤独を感じる可能性はあるということです。

このように仕事上の孤独感とは認知的、感情的な体験であって、物理的所在の問題ではないのです。自分が「どこにいるか」は、「どう感じるか」と直結しません。毎日机を並べていても他人も同然ということだってあります。してみれば仕事上の孤独感の最大の解決策は、チームメンバー間の認知的、感情的絆の構築だということになります。チームの物理的配置とは関係ありません。メンバー間の絆さえ強ければ、そのチームは結束しているといえます。そしてチームが結束すれば、生産性は上がります。それどころか、結束したリモートチームに、リモートワークならではの省時間や省コストという強みが加われば、オフィスビルにいるコロケートチーム以上の生産性を発揮できる可能性もあります。

## リモートワークに向く仕事とは？

リモートワーク向きの仕事というのはあるのでしょうか？　セールス、マーケティング、会計、エンジニアリング分野の在宅ワーカー273人にアンケート調査した結果、複雑性が高く、かつ同僚からのサポートを必要としない仕事にはコロケートよりリモートの方が向いていることがわかりました。一方で同じ調査によると、複雑性が低く、かつ同僚との連携が不要な仕事、例えばコールセンター業務なども在宅の方が生産性が上がることが判明しました。よりインタラクティブ（双方向）性の高い仕事の場合でさえ、リモートワークと業務パフォーマンスの間に負の相関関係はないことが明らかになっています。言い換えれば、職種にかかわらず、リモート化によって業務パフォーマンスが大幅に低下することはありません。一部の仕事については、全面リモート化した方がパフォーマンスが改善しました。それ以外の仕事については、リモート化による影響は特にみられませんでした。また別の調査では、在宅ワークとオフィスワークの間で体験や成果を比較した結果、クリエイティブな問題解決型業務については在宅ワークの方が成果が上がることがわかりました。美容室などのハイタッチ型業務を別にすれば、たいていの仕事はリモート形態になじみます。特に、熟考による問題解決や気を散らさない集中力が求められる仕事はそうです。該当する職種としてはソフトウェア技術者、グラフィックデザイナー、編集者、作家などが挙げられます。知的労働者で、かつ作業の大半をコンピュータでできる人たちです。

リモート環境で成功する――

## バーチャルチームの生産性を上げるためにリーダーにできること

●**生産性評価にあたっては、結果でなくプロセスを重視しよう。** リーダーは必要なツールやリソースをメンバーに提供するにとどめます。各人の業務目標をどう達成するかは、本人がいちばんよくわかっているはずだと考えましょう。管理職は、作家アーネスト・ヘミングウェイの名言を心に刻むべきです。「相手が信頼するに足るか否かを突き止める最善の方法は、相手を信頼してみることだ」

●**リモートワークならではのフレキシビリティを許容しよう。** メンバーをしつこく監視するのはやめ、自律性を奨励しましょう。そうすることでメンバーの自信と主体性と効率が改善し、結果としてチームの生産性も向上します。

**●メンバーの仕事環境の最適化を目指してサポートしよう。**仕事環境の最適化はぜひとも必要です。そのためには予算から資金を出すべき場合もあるでしょう。各人にとってベストな仕事環境を整えるには何が必要か、本人に聞いてみましょう。リソース面でもプランニング面でもリモートワーカーを最大限サポートし、快適な環境で仕事ができるよう配慮しましょう。

**●チームの目標とアイデンティティを強調しよう。**コロケートチームならオフィスビルの玄関に社名やブランド名が掲げてあるでしょうが、リモートチームの場合は、チーム目標を思い出させてくれる目に見えるシンボルが必要です。チーム目標に向けてメンバーの方向性を一致させ、各人が果たすべき役割を示すのはリーダーの仕事です。メンバーに「チームの一員」意識と目的意識があれば、チームは結束できます。そして結束したリモートチームは、コロケートチームも及ばないほどの生産性を発揮できるのです。

第4章

# リモートワークでのデジタルツール活用法

# How Should I Use Digital Tools in Remote Work?

グローバルIT企業アトス社のティエリー・ブルトンCEOは2011年2月7日の記者会見で、今後は社内メールを禁止すると発表しました。当時の同社の社員数は7万4000人余り。とても気まぐれや衝動で下せる決断ではありません。ブルトンがアトス社のCEOに就任した（社の立て直しのため。みごと成功を収めて後任者に引き継ぐことになります）のは2008年ですが、彼はその何十年も前からテクノロジーの威力と変革力について考え続けてきました。ブルトンは20代初めにしてソフトウェア企業を立ち上げました。『ソフトウォー』という小説も書いています。国家がコンピュータウイルスをサイバー兵器として利用する話――1980年代に早くも――で、200万部以上売れました。

唐突とも思えたブルトンのメール禁止令は、現状認識に対する彼なりの思いきった対策でした。メールのやりとりが必要以上に多く、ブルトンに言わせれば「メール公害」と化して業務の妨げになっているとみたためです。受信ボックスになだれ込むメールの返信に追われて、社員が残業するはめになっているのも気がかりでした。記者会見の席でブルトンは、「発生する膨大なデータが、私たちの仕事環境を急速に汚染し、私生活にまで侵入しつつあります」と述べ、さらにこう宣言しました。「我が社はこうした趨勢を阻止すべく、ただちに行動に出ます。ちょうど産業革命後に、諸団体が環境汚染緩和に向けて行動に出たようにです」

社内メールに代わって導入されたのが、社内ソーシャルネットワークや、インスタントメッセージング［インターネットに接続中の相手にリアルタイムでメッセージを送るシステム］や、各種のコラボレーションツール［グループ内での情報共有やコミュニケーション円滑化を目的とするツール］です。18カ月以内に社内メールを「全面」撤廃するというブルトンの当初の目標こそ実現しなかったものの、彼の大胆な構想によってアトス社内でのメール利用は劇的に減り、代わってデジタルコラボレーションツールの使用が増えました。それにともなって社のカルチャーも、リアルタイムコミュニケーション志向へと移行していきました。具体的にはインターネット経由のIP電話やビデオ会議です。その結果、同僚とリアルタイムで、言い換えれば「シンクロして（同時に）」コミュニケーションがとれるようになりました。ブルトンが採用したシステムでは各人のネットワークステータス、つまりログオン中かログオフ中かが一目瞭然です。誰がいまログオンしているかをリアルタイムで把握できるため、オンラインで同僚と会話が始まり、ついでに他の同僚も招待したり、進行中の会話に次々と同僚が飛び入りしたりして、気がつくと事実上のチームミーティングになっているということもありました。やがて社員たちは自席のパソコンから、たいていはビデオ会議システムを使って、オンラインミーティングをするようになりました。

アプローチこそ過激でしたがブルトンは、物理的な距離に隔てられていても全員がつながり連携できるような環境づくりを積極的に進めていくのが、グローバルな分散型組織のリーダーである自分の責務だと理解していました。また、自社に最適なコミュニケーションカルチャーを見きわめた上で、そのカルチャーをリモート環境でも実現できるツールを選ぶのがリーダーの仕事だとも心得ていました。アトス社内からメールが完全に消えることはありませんでしたが、同社の社員はチームワーク用フォーラムの立ち上げや目的にかなったメディアの選択にかけてはいまやエキスパートです。ブルトンはその後、フランスのマクロン大統領に指名されて欧州委員会の委員に就任し、欧州人口5億1100万のデジタル時代への移行支援などを担当しています。

社内階層を問わずリモートワーカーは日々、担当業務の遂行に最適で、かつ同僚とのつながりを強化してくれるようなデジタルツールの選択を迫られます。本章では次のような問題を取り上げていきます。メッセージをどんな方法で伝えるべきか。最初に送ったメッセージを、異なるメディア経由でフォローアップすべきか否か。メッセージの重要性を押しつけがましくならずに伝えるにはどうすればいいか。メールや社内ソーシャルメディアといった文字メディア――あとあとまで残る形態――を使うべきなのはどういう場面か。映像や音声を介したリアルタイムのコミュニケーションについてはどうか。メールは受信者のメールボックスに居座って未完了業務のリマインダー役を果たしてくれるから、効果が高いメディアといえるか。チームコラボレーションに最適なのはどんなメディアか。誰もが1日中、情報の洪水の中で溺れそうになっているいまの時代に、ベストな情報伝達方法とはいったい何か。顔を合わせて仕事をする機会が（仮にあったとしても）めったにない場合、どうすれば同僚とのつながりや連携を保てるか。テクノロジー疲れをどう防ぐか、など。

## テクノロジー疲れ

まず、「テクノロジー疲れ」の問題から片づけましょう。働き手が認知的過負荷［大量の情報に接したための、脳への過度の負担］、頭痛、ひどいときには舌がもつれるなどの症状を訴える場合はたいてい、ビデオ会議が一つ終わったらすぐにまた次のビデオ会議に出席、というスケジュールで動いているときです。バーチャル世界でもリアルな世界と同じペースで業務上のコミュニケーションをこなそうとし、しかもリアルでなら掛けるような歯止めを掛けないと、テクノロジー疲れが起きます。これが対面ミーティングなら、連続で開く場合はミーティングの合間に必ず移行時間をとるでしょう。一つには、対面ミーティングでは普通、A地点からB地点への移動が必要になるからです。たとえ廊下を移動するだけであってもです。そのため、ミーティング時間を詰め詰めで設定しようと思っても不可能です。ミーティングを二つぐらいならたて続けにやることもあるでしょうが、毎日毎日、あらゆるミーティングをぎっちり詰め込むようなことはしないでしょう。

リモートワーカーが疲弊するのは得てして、ミーティングが一つ終わったら間をおかずに次のミーティングを開始するようなスケジュールを組んだ場合です。しかも、ミーティングの後処理時間やミーティングの結果を踏まえたＴｏＤｏリストの作成時間をあらかじめ組み込んでおかないと、みるみるうちに仕事が山積みになってしまいます。デジタルツールを利用すればスケジュールをぎっしり詰め込めるからといって、詰め込まなくてはならないということはありません。こうした理由から、ミーティングの合間には必ず移行時間を設けるべきです。

同じように、ビデオ会議システムがあるからといってむやみとビデオ会議を開かなければならないということもありません。誤解しないでいただきたいのですが、ビデオ会議にはメリットもたくさんあります。ただし、メール、電話、ビデオ会議、インスタントメッセージング（チャット）、ソーシャルメディアといったコミュニケーションツールは、ＴＰＯに合った形で利用することが大事です。その最大の理由は、こうしたツールは単なる伝達手段ではないからです。デジタルツールはソーシャルダイナミクス［チームメンバー間の交流・関係がチーム全体の行動に及ぼす影響］を形成します。形成されたダイナミクスは、チームの業務目標の達成度を左右します。したがってリモートワークで成果を上げるためには、正しいデジタルツールの選び方を知っておくことが必要です。正しいデジタルツールとは「チームが生産的に活用できて、リモート環境で成果を上げられる」ようなツールです。

リモートコミュニケーションに適したデジタルツールの選び方問題は、1970年代にまでさかのぼります。おかげで、デジタルツールが働き手にどのような影響を及ぼすかや、よく考えて利用しないとリモートワークにとって最大の懸念材料になりかねないことについては、幸いにしてすでにかなりの知見が蓄積されています。これから、リモートワークに利用するデジタルツールを選ぶ際に頭に入れておきたい主な問題――「相互知識」と「社会的存在感」――と、その解決策をみていきましょう。本章では、こういう状況にはこのデジタルツール、という1対1対応を列挙して終わるのではなく、いつ、どんな状況ではどういうデジタルツールがふさわしいかの判断の目安となるようなキーワードと枠組みを紹介していきます。

リモートワーク体制を設計する組織やリーダーにとって、これは単にどのハイテクツールを選んで購入するかというだけの問題ではありません。ツールが変われば推進される目標も、メリットやデメリットも違ってきます。そこを理解しておくことが大切です。自律性が高くシンクロ性の低い活動に向いたツールもあれば、コラボレーションやリアルタイムの話し合いをサポートするツールもあります。リアルタイム性や親密さを強化するツールもあれば、プロセスやポリシーを型どおりに進めたいとき向けのツールもあります。市販の膨大なデジタルツールの中でも人気が高いのはパソコンメール、携帯メール、ビデオ会議、電話、ソーシャルメディアです。それぞれのツールの種類や特徴を理解し、意識的に選択することが、チームの成果向上や、結束力強化や、仕事満足度の改善につながります。

しかしまずは、リモートチームが直面する「リモートならではの諸課題」を知っておく必要があります。メンバー全員がリモートであれ、あるいはコロケートメンバーとリモートメンバーの混合形態であれ、「このチームにどういうコミュニケーションカルチャーを形成したいか」を決めるのはリーダーの仕事です。私は自分や他の社会科学者の研究を通じて、この疑問に答えを出すために解決しなくてはならない問題を、「テクノロジー疲れ」の他に少なくとも五つ発見しました。次に挙げるのがそれです。

- 「相互知識」の問題
- 「社会的存在感」の問題
- 「リッチメディアかリーンメディアか」の問題
- 「繰り返しコミュニケーション」の問題

・「文化の違い」の問題

## 相互知識

有効なコミュニケーションが成り立つ条件の一つに、「共通の前提や理解の存在」が挙げられます。お互い相手の姿が見えない中でどうやって前提や土台を共有するかは、バーチャルな世界では避けて通れない問題です。どんなに単純なシーンでも、背景を正しく解釈した上で相手に対して適切な対応をするためには、かなりの共通の土台が必要だからです。社会科学ではこのことを「相互知識問題」といいます。例えば、「電話会議が終わったら、通りの向こうのカフェでジェニーと落ち合ってコーヒーを飲もう」と約束したとします。この約束は、約束の背後にある前提を自分とジェニーの両人が知っていて初めて成り立ちます。前提とはカフェの店名や所在地、何時頃までにカフェに行くべきかなどです。これがプロジェクトチームなら、プロジェクトの仕様、例えばスプレッドシートやディスカウント・キャッシュフロー等のツールをどう使うかといった前提がメンバー間で共有され、関係者を満足させるためにはどういう結果を出すべきかについての理解も共有される必要があります。障害を乗り越えて結果を出すためには、方向性の一致（アラインメント）が必要です。しかし言うは易し、行うは難しです。共通の土台がなかったり、前提の解釈が食い違っていたりすると、プロジェクトの成果にまで響きかねません。

なぜ、相互知識問題がリモートチームワークの足かせになるのでしょうか？　この疑問をテーマにした有力な調査があります。米国、カナダ、オーストラリア、ポルトガルの各国に分散したメンバーから成るチームを結成し、7週間にわたってチームワークに取り組んでもらうというものです。チームワークにはビジネスアイデアの発案、ビジネスプランの作成、プレゼンやウェブページの作成など複数のタスクが含まれます。チームワークの過程で参加者らがやりとりした計1649通に及ぶメール、大量のチャットログ、そしてプロジェクトの成果を分析して、チームがどんな場面で相互知識問題に直面したかを調べました。その結果、チームワークがうまくいかなかったケースが何パターンか見つかりました。

参加者が自分の背景情報を他の参加者に伝えなかったせいで、共通の土台が生まれなかったというケースもありました。例えば、あるプロジェクトチームのメンバーは、一見やる気がなさそうにみえました。実は別のプロジェクトで手一杯だったからなのですが、彼はそのことを他のメンバーに伝えていませんでした。メールのやりとりが原因で共通の土台を築けなかった例は数多くみられました。例えば、チーム内の一部メンバーだけにメールを送った結果、送られたメンバーだけが事情に通じている結果になったなどです。1通のメール中で複数の案件に触れたせいで、強調したい重要案件が埋もれてしまい（学術用語でいえば「重要性の過小評価」）、結果として仕事の調整や優先順位づけに支障をきたしたということもありました。各参加者のメールチェックの頻度——1日数回なのか、週数回なのか——といった一見害のなさそうな原因によって、情報入手速度に差が出たケースもありました。チームのデジタルミーティングの席で「口をつぐんでいる」参加者がいた場合の解釈をめぐって混乱が起きたこともありました。沈黙を「賛成」の意思表示と受け取った人もいれば、「反対」と受け取った人、はたまた沈黙イコール中立であっていかなる意思表示でもないと解釈した人もいたからです。どの例でも、コミュニケーション戦略の曖昧さがメンバー間の前提認識のズレを生み、ひいてはチームの方向性の一致や生産性にまで問題が生じました。

この調査で分析したのは、相互知識不足が原因でチームワークがうまくいかなかった例だけではありません。参加者間の物理的距離が離れていると、お互いの置かれた状況を認識・理解しづらいことも明らかになりました。何かトラブルがあったとき、情報が不足していると、参加者はトラブルの原因を人間関係や個人的問題に帰する傾向がみられました。そうなると建設的な解決策を探るのが困難になります。リアルタイムの会話でも相手が黙ったままでいると不安になるものですが、それと同じで、チームメートがなかなかメールに返信してこないと送った側は不安になりました。そして、返信がなかったり返信が遅かったりするのは自分に何か問題があるからではないかとか、相手の嫌がらせではないかという解釈に走りがちでした。

## 社会的存在感

当たり前といえば当たり前ですが、リモートワークの課題の一つに、同僚と顔を合わせる機会がないというのがあります。この課題を克服しようとする試みが、何らかの形のデジタルコミュニケーションです。対面コミュニケーションでやっていることを可能な限り再現しよう、あるいは対面に代わる、かつ対面にはない利点をもつコミュニケーション手段を確保しようとするわけです。しかし、そもそも対面コミュニケーションにはそんなに凄い効果があるのでしょうか？　そして、バーチャルコミュニケーションに欠けているものは要するに何なのでしょうか？

この問題を考えるときの一つの視点が、社会科学でいう「社会的存在感［相手がそこにいると感じられる度合い］」に着目することです。社会的存在感の基準となるのはあくまで対面の接触です。しかし対面のやりとりが不可能になった場合は、どのメディアを使えば音声や顔の表情を通じてどのくらいソーシャル・キューを伝達できるか、果たしてメッセージの受け手が送り手の考えや気持ちを理解できるくらいに伝達できるのかを、社会的存在感を目安にすることで解明できます。

社会的存在感には、主な構成要素が二つあります。「親密性」と「即時性」です。「親密性」とは、2人の人間がやりとりする際に感じる対人距離感のことです。親密性は、視線が合うか、笑顔、ボディランゲージ、話題のデリケートさの度合いといった要因によって決まります。したがって、リアルタイムで相手の顔が見えるデジタルメディアの方がそうでないメディアよりも親密性は高くなります。一方、「即時性」は心理的距離、つまりメッセージの送り手が受け手との間に感じている心理的、感情的つながりのことです。即時性は言葉を通しても伝わるし、それ以外の方法、例えば物理的距離、服装（フォーマルかインフォーマルかなど）、会話中の顔の表情などを通しても伝わります。コミュニケーションの当事者がこうした要素をどの程度見たり感じたりできるかはもちろん、利用するテクノロジーに左右されます。面白いのは、社会的存在感は変化しないのに即時性が変化する場合もあるということです。例えば2人がお互い離れたところにいて電話で話していて、一方の話し手の態度や口調が、それまでは温かくて気さくな感じだったのが一転して手厳しくて批判的なトーンになったとします。この場合、両者間の社会的存在感の度合いは変わりませんが、即時性は変わります。

社会的存在感にはさらに「効率性」と「非言語コミュニケーション」という要素もあり、親密性や即時性を左右します。ここでいう「効率性」とは、発信者からみて、メッセージを受信者に伝える上でどのメディアがもっとも有効か、です。社会的存在感がもっとも高いのは対面のやりとりだとしても、場合によっては、例えば両当事者が激しく対立していたり緊張関係にあったりするときは、もっと社会的存在感の低い別のメディアの方が好ましく、したがって効率性も高いこともありえます。一方「非言語コミュニケーション」とは、デジタルメディアがどの程度、対面のやりとりが伝えるのと同じようなディテールを伝えられるか、です。ボディランゲージ、視線を合わせる、姿勢、物理的距離などの非言語コミュニケーションを通しても、曖昧さのほとんどないコミュニケーションを取り、最大限の情報を提供することは可能です。もちろん、発信者が自分の発する非言語コミュニケーションを意識的ないし無意識にコントロールしようとする場合もあります。みなさんも、いわゆるポーカーフェイスをしていて感情が読めない人や、悪い知らせを受け取ったのに楽観的な顔をしている人に会ったことがあるでしょう。

以上の説明から言えるのは、メディア選びにあたっては社会的存在感を考慮に入れ、なおかつ「このメディアは発信者の温かさや好感度や人間味をどの程度伝えられるか」も考慮するのが大切だということです。映像メディアと音声メディアとでは、伝わる度合いが違います。音声メディアでは、あからさまな非言語ソーシャル・キューや暗黙のメッセージ、例えば発信者がとっている距離や発信者の誠実さは伝わりづらいものです。しかし熟練すれば、声のトーンや声量を通してそういうものも聞き分けられるようになります。どういうコミュニケーションメディアを使うべきかは結局のところ、「何を伝えたいか」によって決まります。「どの程度の社会的存在感を達成したいか」もそこに含まれます。つまりリモート環境に最適なデジタルメディアは、そのときそのときの目標にとってどういうメディアがふさわしいかによって決まるのです。

## リッチメディアとリーンメディア

誰でもいいからコミュニケーションテクノロジーの専門家に、ニーズに合わせたメディアの選び方を聞いてみれば、必ずリッチメディアとリーンメディアの話が始まるはずです。「リッチ（豊富な）メディア」とは、伝達情報量――ソーシャル・キューや社会的存在感も含めて――が多いメディアのことです。リッチメディアには、多義的な状況も含めたさまざまな状況において相互理解を促進する機能があります。これに対して、伝達情報量が少ないメディアを「リーン（乏しい）メディア」といいます。こちらは伝わるソーシャル・

**図1:リーンメディアとリッチメディアの例**

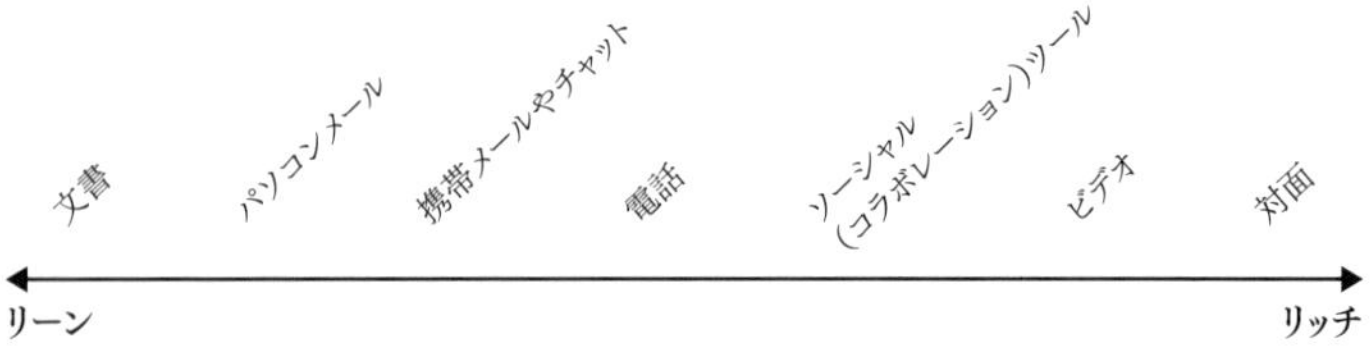


キューも社会的存在感も少なく、コミュニケーション量も比較的限られます。リッチとリーン、どちらも必要な存在であり、連続的な関係にあります。曖昧で、多義的で、不明瞭な状況ではリッチメディアの方が効果的です。これに対して単純明快な状況では、リーンメディアの方が効果的です（図1を参照）。

図を見るとわかるように、一般にはリーンメディアは「非シンクロ（非同時）」、リッチメディアは「シンクロ（同時）」な傾向があります。どういう業務にはどの程度のリーン／リッチ度やシンクロ度がふさわしいかを研究する過程で、コミュニケーションは「伝達」と「収束」という二つの主なプロセスから成るという考え方が生まれました。「伝達」とは、ある人が別の人に新情報を伝えるプロセスをいいます。例えば「一定個数の商品を10月15日午前に出荷予定です」など。情報を受け取った側には、出荷予定商品ともとも

**表1：業務類型とデジタルメディアの特性との対応関係**

| | リッチ | リーン |
|---|---|---|
| シンクロ | 複雑な調整作業<br>話し合い<br>コラボレーション<br>チームビルディング | 日常的な調整作業<br>情報交換 |
| 非シンクロ | コンテンツ開発<br>チームメンバーの選抜 | 情報交換<br>単純な調整作業<br>複雑な情報処理 |

との発注内容とを照合する作業が発生するでしょう。この種の業務には、リーンで非シンクロなメディアが適しています。一方、「収束」とは、受け取った情報について協議・解釈を経て合意に至るまでのプロセスをいいます。例えば、出荷・配送された商品をどう利用するのがベストかを話し合う場合は、リッチでシンクロ性の高いメディアを使ったやりとりが必要になってきます。

とはいっても、あらゆる業務を単純にリーン／リッチ、シンクロ／非シンクロなメディアに分けられるわけではありません。状況に左右されるところも大きいです。いくつもの業務を同時にこなさなくてはならないときにチームの誰が何を担当するかを調整する際に、リッチメディアが必要になることもあれば、チームミーティングの日程を調整したいときに、リーンで非シンクロなアンケート形式が適している場合もあります。（表

表2:各種メディアと五つの機能

| | 伝わる速さ | 受け手の数 | 表現のバラエティ | 微調整性 | 保存性 |
|---|---|---|---|---|---|
| 対面 | 速い | 普通 | 少ない～多い | 低い | 低い |
| ビデオ会議 | 速い | 普通 | 普通～多い | 低い | 低い～普通 |
| 会議通話 | 速い | 少ない～普通 | 少ない～普通 | 低い | 低い |
| 共有フォルダ | 普通～速い | 普通 | 少ない | 高い | 高い |
| ソーシャル(コラボレーション)ツール | 普通～速い | 普通 | 普通～多い | 普通 | 普通～高い |
| インスタントメッセージング | 普通～速い | 少ない～普通 | 少ない～普通 | 普通 | 普通 |
| メール | 遅い～普通 | 多い | 少ない～普通 | 高い | 普通～高い |
| 文書 | 遅い | 多い | 少ない～普通 | 高い | 普通～高い |

1に、業務類型とそれに合ったメディア特性をまとめました。ただしあくまで一般論です。)

前述の研究をさらに一歩進めた研究者グループもいます。同グループは、電話とインスタントメッセージングはどちらもシンクロな(というかもシンクロな)原則としてシンクロな)メディアなのに、その効果は状況によって変わることに着目しました。インスタントメッセージングは、何人もの相手に同時送信できます。これに対して電話は、普通は1人ないし比較的少数の相手に音声メッセージを伝えるものです。そこでこの研究では、個々のメディアのもつ機能を分析した結果、最重要な機能を五つ突き止めました。意図した相手にメッセージが「伝わる速さ」、メッセージを同時に受け取る「受け手の数」、伝達できる「表現のバラエティ」(物理的情報、ビジュアル情報、言語情報)、送り手が発信前にメッセージ内容をどの程度確認したり「微調整」したりできるか、受け手が受け取ったメッセージをどの程度「保存」して見直したり再加工したり再現したりできるか、の五つです。この五つの機能をそれぞれのメディアがどの程度備えているかを表2に示しました。この表は「いつ、どういう状況ではどのメディアを選べばよいか」を考える際に、個々のメディアの特徴や効果を見比べる目安となります。

いちばんリッチなコミュニケーション形態は、対面ミーティングです。ならばデジタルコミュニケーションの際も常にいちばんリッチなメディアを選べばいいのでは、と思われるかもしれません。チームが成果を上げるためにはリッチなコミュニケーションが望ましい場合が多いのは事実ですが、常にそれが最善の選択だとは限りません。リッチかリーンか以上に大事なことがあります。メンバー間の「人間関係」と、そのときそのときの「コミュニケーションによって達成したい目的」です。交渉ごとやチーム内の意思決定においては特にそうです。人間関係が全体として良好なチーム、例えば職場外でも友達付き合いしているようなチームは、ビデオ等のリッチメディアからさほど恩恵を受けません。すでにお互いのことをよく知っていて親しい関係にあるので、メール等のリーンメディアを通じても十分に合意に到達できるからです。なまじ「多ければ多いほどよい」という発想からリッチメディアをデフォルト設定にすると、特にメンバーがすでに親密な関係にある場合は、リッチメディアが一因でテクノロジー疲れが起きるおそれがあります。2020年3月にコロナウイルスによる在宅ワーク令が出た当初、多くの働き手が訴えたような疲労です。これに対してメンバー間の関係がそれほど親密でないチーム、例えばくじ引きや住所地によって無作為に結成されたチームでは、リッチメディアを使ってコミュニケーションを取った方が明らかにチームワークの成果が改善します。おそらく、お互いの考え方や行動についてもっと情報を欲しているからでしょう。他方、意外なことに、かねてからメンバー間コミュニケーションに問題があるチーム、例えば過去に見解の相違や反目が起きたチームでリッチメディアを通じて交渉や意思決定をしようとすると、チーム環境がこれまで以上に悪化するのです。メンバー間に対立があるときはむしろリーンメディアを使うことで、非生産的な対立を緩和ないし回避できる場合があります。言い換えれば、チームにとって最適なコミュニケーションメディアを選ぼうとするときは、メディアそのものと同じくらいかそれ以上に、チームのダイナミクスやこれまでの経緯も考慮することが大切です。

どういう目的でコミュニケーションテクノロジーを利用するのかということも、メディアを選ぶ上で重要な要素です。研究によれば、報告書の起案等の「非ルーティーン」業務に取り組むチームでは、「タスク情報意識」を促すテクノロジーを使うと効果が高いといいます。「いま誰が、何をやっているか」がわかれば、報告書のどの部分の執筆を誰が担当しているのか、提出・改訂期限はいつか等を把握できるからです。記録保管やスケジュール作成のような作業には、リーンで非シンクロなメディアが最適です。一方、複数の言語やタイムゾーンにまたがって活動するチームでは、「存在感意識（お互いがその場にいて交流しているという意識）」を強化してくれるテクノロジー、例えばビデオ通話を使うとパフォーマンス向上につながります。一言で言えば、どういうメディアを使うかがチームの目標達成度や成果にまで影響を及ぼすのです。

どういう目的でメディアを利用したいのかを明確化すること、そして表2のような各種デジタルメディアの機能の見取り図を参考にすること。これだけ押さえれば、リモートワークで使うメディア選びがぐんと楽になります。ただしそれだけでは不十分です。何かの案件についてやりとりするとき、1種類のメディアだけを使うことはめったにないからです。同じ相手とやりとりするにも、複数のメディアを併用するのが普通です。事実、私の調査の結果、メディアに詳しいユーザーほど複数のデジタルツールを戦略的に使い分けていることがわかりました。

## 繰り返しコミュニケーション

よいコミュニケーションとは何かと考えた場合、効率の観点からいえば一見、同じ内容のコミュニケーションを繰り返すことは避けた方がいいような気がするでしょう。しかしリモートチームにとっては実は、繰り返しコミュニケーションを増加・促進するようなソーシャルツールが便利なだけでなく不可欠ですらあるのです。リモート勤務になったおかげで、部下が次々と自分のデスクへ押しかけてきて何度も同じ報告をしてくることがなくなってラッキーと思っている人もいるでしょう。しかし、リモート勤務のチームメンバーから同じような内容のメッセージを複数回受け取った経験はありませんか？　あるとすれば、それはまさに繰り返しコミュニケーションです。同僚と私は企業6社のプロジェクトマネジャーを対象に、複数メディアを介した繰り返しコミュニケーションについて詳しい調査を行いました。

調査の一環として、早朝ミーティングを見学させてもらいました。プロジェクトマネジャーのグレッグはチームメンバー全15人にあらかじめ、間もなく新たな製品開発プロセスを導入する予定だと伝えてありました。メンバーは口々に反論してきました。実施業務をいちいち記録するなんて時間がかかりすぎる。なぜ品質保証マネジャーを別チームへ異動させたのか？　製品検証段階に入るまでの期間が短すぎる。グレッグは一つ一つの懸念に対して感心するほど辛抱強く、巧みに対応しました。ミーティングが終わる頃には全員が、しぶしぶながらも新プロセスへの移行に同意しました。ところが同じ日の午前11時15分には、グレッグは私の見守る中、チームメンバー宛てのフォローアップメールを書き上げていました。20分かけて練り上げた全20行、2段落から成るメールです。グレッグはメール中でも、ミーティングのときと基本的に同じ言い回しで新プロセスについて説明しました。見ていると、彼はメールの件名を3度も書き直したあげく、結局「デザイン・フォー・エクセレンス〔製品開発の一手法〕の見直し」とし、本文をこう締めくくりました。「みなさんのご協力に感謝します。おかげで、ガイドラインに沿った新プロセスへの移行をスムーズに進められそうです」

なぜ？　と私は首をかしげました。簡単な挨拶とミーティング内容のまとめだけ書いて、添付文書をつけて送るだけでいいのに。添付文書とは、移行を進めるにあたってメンバーに回答してもらうアンケートです。するとグレッグはこう説明してくれました。メンバーは確かに協力するとは言ってくれた。でも最初のうちはみんな反対していたことを考えると、ここであと一押ししておくべきだと感じたのだと。メール中でグレッグは、状況が切迫していることを力説しました。すでに、新製品であるグラフィック・アプリの発売スケジュールに遅れが出ている。複数の顧客企業に、いついつまでには提供できると約束してしまっている。万が一、グレッグのチームが納期を守れなければ、業務を引き継ぐはずのソフトウェア開発チームも納期を守れなくなり、顧客への納品期限にも間に合わなくなる。そうなったら契約上、社が巨額のペナルティを払わされることになると。しかし社の組織上は、プロジェクトマネジャーであるグレッグにはチームメンバーに対する直接の権限が一切ありません。つまり、グレッグが業務を遂行できるかどうかは全面的にチームメンバー次第なのに、メンバーの方にはグレッグの方針に賛同ないし協力する義務はないということです。

各社のプロジェクトマネジャーの仕事のやり方を観察していて気づいたのは、グレッグだけでなくどのマネジャーも「繰り返しコミュニケーション戦略」を実践していることです。ただし戦略の具体的内容は、メッセージの発信者に正規の権限があるか否かによって大きく異なっていました。

調査の結果、マネジャーがチームメンバーを動かすために使う繰り返しコミュニケーションには2種類あることがわかりました。メンバーに対して正規の権限があるマネジャーの場合、まずは、基本的には非シンクロなコミュニケーションによって、「このままではまずい」と伝えます。それでも部下の行動がすぐには変わらないとみると、次の行動に移ります。具体的には第2の、普通はシンクロなコミュニケーションを発信して、本当にまずい事態であることをメンバーに理解させます。例えばプロジェクトが壁にぶつかりそうなときは通常、短い、発信から受信までに「時間差」があるコミュニケーション（メールなど）を発信します。目的は、新たな課題に向けてメンバーの業務の足並みを揃え直すことにあります。それでもメンバーが、ぶつかった壁の性質や、それに応じて対応を変えていく必要性を理解していないようだったら、次は、たいていは「発信と同時に受信」タイプの繰り返しコミュニケーション、例えば会議通話によってフォローアップします。目的は、マネジャーが現状をどう解釈しているか（と、とるべき次善策）をメンバーに周知させることです。

大手医療保険会社の管理職、アマンダの例をみてみましょう。ある朝早くアマンダは、社が医療機関向けの保険金償還方針を変更すると知りました。おまけに償還システムの更新責任者に任命されました。彼女のチームではつい最近、医療機関向けの新システムを導入したばかりですが、今回の方針変更を受けて、新システムへ移行した全医療機関に改めて連絡の必要があるとアマンダは気づきました。今朝のミーティングで聞かされたばかりの方針変更を反映した最新バージョンを、各医療機関に導入してもらわなくてはならないからです。

新方針がプロジェクト進行の足かせになると悟ったアマンダは、直属の部下のティムにメールを送り、可及的速やかにこれこれの対策をとる必要があると伝えました。しばらく返信を待っていましたが、やがて心配になってきました。ティムが他のプロジェクトで忙しくしていることは知っていたのですが。要請が急ぎだとわかっていないのか？　そこで最初の「時間差」コミュニケーションをフォローすべく、新たに「同時」コミュニケーションを発信しました。今回の方針変更には他の競合案件は後回しにしてでもただちに対処してほしいという、ティムへのシグナルです。後になってたまたま廊下で顔を合わせたときティムは、今回の方針変更がプロジェクトにとって脅威となることが最初はわかっていなかった、と言いました。アマンダからのフォローアップ・コミュニケーションを受け取って初めて、アマンダの切迫感を共有できたというのです。

みんながみんな、社内でアマンダのような権限をもっているとは限りません。チームメンバーに対する正規の権限をもたないグレッグのようなマネジャーは、先手を打って繰り返しコミュニケーションを発信することで、遂行すべきチームワークにメンバーの注目を集めようとしました。プロジェクトマネジャーとしては、まずは何らかのシンクロメディア、例えばチームミーティングなどを利用して、メンバーに懸念を表明する機会を与えます。次に非シンクロメディア、例えばメールでフォローアップし、すでに伝えたメッセージを補強します。グレッグが苦労して書いたメールのような非シンクロメディアなら、受け手側が時間をかけてメッセージを処理・消化できます。これがシンクロメディアだったら、発信したメッセージが跡形もなく消えてしまったりあっさりスルーされたりしかねません。非シンクロメディアは、タスクの重要性を比較的押しつけがましくない形でメンバーに念押しする役目も果たします。非シンクロメディアなら、受け手は矢継ぎ早な要請にリアルタイムで応える必要もなく、自分の手が空いたときにメッセージを読めるからです。

コミュニケーションテクノロジーは賢く利用しさえすれば、差し迫った業務目標の遂行を後押ししてくれる武器になります。いい例が繰り返しコミュニケーションです。複数のメディアを意識的、戦略的に併用することで、メッセージをその重要性にふさわしい形で受け手へ届けることができます。部下も上司もただでさえ忙しい中、なぜわざわざ同じメッセージを複数回発信する必要があるのかと思われるかもしれません。しかし情報が氾濫するあまり、メッセージが受け手に届かなかったり見逃されたりする危険がある現代世界では、繰り返しコミュニケーションは、リーダーがメンバーに発破をかけて大事な業務に着手してもらいたいときの頼もしい手段です。いつまでも返信を待ちぼうけしていなくてもいいのです。

## 文化の違い

グローバルな分散型チームでは、メンバーの所属文化も多岐にわたっているのが普通です。多様なメンバーから成るチームにも、そうでないチームと同じコミュニケーションテクノロジー戦略が当てはまるのでしょうか？　ある調査によれば、文化の多様性（ダイバーシティ）がチーム内コミュニケーションの障害になること、しかしテクノロジーを上手に利用すれば、多様性がコミュニケーションにもたらす弊害を緩和できることがわかりました。また、メール等の非シンクロメディアの方が、言葉の違いから生じるコミュニケーション上の誤解が少なくてすむこともわかりました。他方、シンクロメディアには信頼関係を強化し、チームの一体感を促進する効果がみられました。

分散型チームにおけるコミュニケーションの内容と、メンバーの多様性やコミュニケーションテクノロジーとはどういう相関関係にあるのでしょうか？　文化や言葉を異にする相手にメールで連絡するなら、「イエス」か「ノー」で答えられるような簡潔な内容にとどめるのが無難かもしれません。微妙なニュアンスや気遣いを伝えたいときは、メール以外のメディアを選んだ方がよいでしょう。ある調査によれば、コミュニケーションメディアはリッチであればあるほど、複雑な内容をやりとりするのに必要な表現力を発揮できることがわかりました。これに対してリーンメディアは、単純な内容のやりとりに向いています。同時に、文化の違いからくる誤解も最小限にとどまります。ある文化では当たり前で適切とみなされることでも、文化が違えば異例な、場合によると許しがたいこととみなされる場合すらあります。
グローバルなリモートチームでは、メンバーの文化的バックグラウンドの違いが、メディア経由のコミュニケーションのあり方にまで影響を及ぼすことがあります。文化によってはは対面コミュニケーションを何より重視しますが、グローバルな分散型チームではどうしたって無理な話です。したがって、まずはビデオによるコミュニケーションが選択肢として挙がってきます。シンクロかつビジュアルなメディアが利用できない場合の次善策は、リアルタイムのオーディオ会議や電話です。ちょっとした情報交換はメールでいいでしょうが、いきなり仕事にかかるのではなく、まずは「雑談」から入る文化の出身者にはインスタントメッセージングの方が適しています。欧米文化では悪い知らせはリアルタイムで伝えるものとされていますが、グローバルチームでは電話をする前にまずはメールで悪い知らせを伝えた方がよいことがわかりました。メールなら、メッセージの受け手がまず非シンクロ的に情報を処理してから電話を受けることができるからです。

文化による違いを無視して、最適なメディアの選択についての自分の信念や認識をメンバーに押しつけるのはやめましょう。メディアにまつわる価値観は文化によってまったく違うからです。だから業務にどういうメディアを使いたいかに関しては、必ずコミュニケーションの相手に意見を聞くべしというのが私のアドバイスです。どういうコミュニケーションメディアを使うのが妥当かは、究極的にはチームメンバーの文化的、言語的バックグラウンドによって決まります。

## ソーシャルツールを活用しよう

現代生活の一つの特徴は、常にソーシャルメディアにつながっていることです。プライベートはもちろん、ビジネスでもどんどんそうなってきています。ビジネス向けソーシャルツール市場も急速に拡大しつつあります。ツールのプロバイダ各社によれば、1日あたりの利用者数は何千万人にも及ぶそうです。ソーシャルツールは上手に使えば、それなしにはお互い相手に不信感を抱いたままだったかもしれない同僚同士のつながりや、知識共有や、連携や、共同イノベーションを後押ししてくれます。ツールがあれば、自分が関わっているプロジェクト内容と重なる既存のプロジェクトや構想があるかどうかもわかるので、コラボレーションが可能です。そうなれば業務の重複が減りますから、浮いたリソースを他へ振り向けることもできます。

ある多国籍ハイテク企業のエンジニア・グループを例にとりましょう。ソーシャルツールを介したやりとりを通して、有益な情報を自然な形でシェアすることに成功したケースです。ドイツ支社のエンジニアが、先端的な東京支社で使っているあるウェブ・アナリティクス・アプリのことを知り、東京のエンジニアに連絡して、そのアプリや必要なネットワークサポートについて詳しい情報をもらい、自分のところでもアプリを導入しました。そしてグループのプラットフォームに、このアプリはいいよと書き込みました。書き込みを読んだ米国やフランスのエンジニアが、うちでもぜひ導入してみたい、と返信しました。東京やドイツでの成功例を聞きつけ、他の国も関心を寄せているのを見たグループマネジャーは、同グループが展開しているすべての国でくだんのアプリを導入するよう指示しました。マーケティング部門や営業部門や法務部門でも同じことが起きました。ソーシャルツール経由で自然発生したやりとりがきっかけで、全社的な知識共有が実現したのです。

社員が世界各地に分散している場合、関係づくりや共通のアイデンティティの形成に苦労することは珍しくありません。そんなときソーシャルツールを活用すれば、公私両面で社員間のつながりを促進し、地域や文化の壁を超えて信頼関係やラポール（親近感）を強化できます。グローバル企業の社員の多くが、社内ソーシャルツールのおかげで、リアルでは不可能な全社的コミュニケーションができていると言います。あるEコマース企業の社員はこう語ってくれました。「あっち［本社］ではいま何をやっているのか、どういうプロジェクトが進行中なのか、どんなやり方をしているのかがわかるので、本社とつながっているという実感があります」。同じ会社の他の社員たちも同じ意見で、「会社という家族の一員になれた気がします」「みんな、同じ会社の社員です。同じ人間です。見た目や話し方は違っても、やっている仕事は同じです」などの感想が出ました。顔を合わせる機会が仮にあるとしても、その機会がめったにないバーチャルワーク環境で社員が帰属感を味わえる手段、それがソーシャルツールです。

社内にソーシャルツールを導入するなんて簡単なことだろうと思われるかもしれません。技術面では確かに簡単です。スラックやマイクロソフト・チームズのアイコンは、何百万という働き手のパソコン画面にあるでしょう。みなさんのパソコンの画面にもあるかもしれませんね。ソーシャルツールは大半がクラウド・アプリなので、インフラコストは文字通りゼロです。ほとんどの社員はプライベートで何らかのソーシャルメディアを利用した経験がありますから、職場での使い方を覚えてもらうのも特に難しいことではありません。このように導入は一見簡単そうですが、ソーシャルツールの強みを活かしたいなら、押さえておくべき大事なポイントがいくつかあります。

私は研究者仲間のポール・レオナルディ［カリフォルニア大学サンタバーバラ校教授。専門は技術経営・工学］と共にソーシャルツール・ユーザーの縦断調査を行って、企業2社のソーシャルツール導入実態とユーザーの行動を調べました。私はポールのことを「学問上のきょうだい」と呼んでいます。同じ時期にスタンフォード大の博士課程に在籍していたからです。以来、仕事やテクノロジーや組織をテーマに20年来、共同研究をしてきた仲です。共著論文も何本もあります。今回の調査では、社員1万5000人余りを擁するある金融サービス企業の2部署を1年半にわたって調査しました。ソーシャルツールを導入している部署と導入していない部署です。もう一つの対象企業は、10カ国に1万人余りの社員を展開するハイテク企業です。こちらでは2年余りにわたって、全社的なソーシャルツールの導入・実施状況を調査しました。

調査結果は驚くべきものでした。調査当初、参加者には仕事以外のコンテンツと「全社的事項」関連のコンテンツの両方をシェアしてもらいました。社員たちは、同僚が発信するプライベートなコンテンツに興味津々でした。そして好奇心に駆られてプラットフォームをよく利用するようになり、業務関連とそれ以外と両方のコンテンツを書き込んだり閲覧したりするようになりました。業務コンテンツと業務外コンテンツ——社員間の公開のやりとりも含めて——が日に見えて混在していることで社員たちは、お互いが信頼するに足る相手かどうかをなんとなく感じとれるようになりました。直接の交流や仕事上での関係がない相手についてもです。第2章でも述べたように、信頼関係ができたおかげで、お互いにヘルプを求めてもいいかどうか、業務関連の有益な情報をシェアしてもいいかどうかの判断がつくようになりました。

このように業務コンテンツと業務外コンテンツを混在させたことで信頼関係が生まれ、ひいては業務情報の共有が進みました。しかし、コンテンツの混在は最初のうちこそ社内での知識共有を推進したものの、同じプラットフォームが業務外コンテンツにも使われていることから、やがては不安と葛藤が生まれました。あいつは雑談のし過ぎだと上司に思われはしないかと心配になったり、ぎくしゃくした人間関係がコンピュータ画面にまで反映されたりしたためです。こうした問題のせいで業務外コンテンツのやりとりが減っていくと、それにともなって、業務外コンテンツに付随して起きていた業務関連知識の交換も減りました。一言でいえば、業務外コンテンツの共有は逆説的効果をもたらしました。一方ではソーシャルツールの利用率を押し上げる効果、一方では引き下げる効果です。

なぜ社員に社内ソーシャルツールを利用させたいのか、そしてどういう風に利用させたいのかを、会社が正確に把握しておくことがきわめて大切です。業務外のやりとりを許可するか否かも含めてです。ソーシャルツールを利用させることで社員に、そして組織全体にどういうメリットがあるのか？　もちろん、方向性を示すのはリーダーの仕事です。ソーシャルツールの利用ガイドラインを設けるだけで満足してはいけません。リーダー自身も社内ソーシャルツールに参加して、望ましい行動のお手本を見せるべきです。例えば、いいアイデアを書き込んだ社員に公の場で返信し、何か質問してみるとか。業務外の書き込みにリーダーみずからコメントをつけてもいいでしょう。社員のお誕生日におめでとうを言うとか、テレビ番組の話題に「いいね」を押すとかです。よくあることですが、リーダーの書き込みがもっぱら方針変更や人事といった公式発表限定だと、社員は、ソーシャルツールはしょせん管理職のための情報周知手段でしかないと受け止め、ツール上でのコミュニケーションをやめてしまうでしょう。これではせっかくソーシャルツールを導入した意味がありません。

バーチャルでもリアルでも、コミュニケーションにおいては背景情報（コンテクスト）がすべてです。最新のソーシャルツールや高価なビデオ会議機器に投資すればいいというものではありません。状況によってはメールをすぐに送らずタイミングをはかるか、そもそも送らない方がいいときもあるし、「ASAP《なる早》」の一言だけ送信するのがベストなときもあります。チームメンバーもリーダーもより戦略的、意識的にデジタルツールを選ぶべきです。そのためには、各種のコミュニケーションメディアの特徴を理解することも大切です。リーンなのかリッチなのか、シンクロなのか非シンクロなのか。そしてその理解を、同僚との関係についてわかっていることに当てはめるのです。ソーシャルツールの利用についてなんとなくこうだろうと思い込んでいる事柄は、実はたいてい間違っています。そのせいで、意図したのとは違う結果を生んでしまいます。いくらテクノロジー的に可能だからといって、もっともっとと、闇雲にソーシャルツールの導入を推し進めるのはむしろ非生産的ではないでしょうか。最後に、切迫感を醸し出したり優先順位をつけたりするのはあくまでリーダーの役目であって、テクノロジーに任せていい仕事ではありません。たとえコミュニケーション形態はバーチャルでも、当事者は対面のやりとりの場合と同じく、ソーシャルダイナミクスや社会的存在感といった人的要素に左右されるものです。優先順位づけやチームの現状把握といった仕事を、リーダーがテクノロジーに任せきりにするケースが多すぎます。テクノロジーは決してリーダーシップにとって代わるものではないのです。

リモート環境で成功する──

## 状況に合ったデジタルツールを選ぶ

**●異種メディアを併用しよう。** デジタルツールを主役にしてコミュニケーション活動を組み立てると、ついついビデオ会議をたて続けに詰め込むようなことになり、テクノロジー疲れが起きます。活動は人間のニーズを主役にして組み立てるべきです。目標に応じてシンクロメディアと非シンクロメディアを併用することで、テクノロジー疲れを緩和できます。

**●チームメートの背景情報を把握しよう。** リモートワーク体制のもと、デジタルツール頼みのコミュニケーションをする場合につきものの困った問題が「相互知識」です。相互知識が欠けていると、お互いの背景情報が見えなかったり、情報や前提を共有できなかったりするおそれがあります。共通の土台がないと誤解が生まれ、生産的コラボレーションが妨げられかねません。

**●存在感を考慮しよう。** どのデジタルツールがどの程度ソーシャル・キューを伝達でき、結果として「親密性」（対人距離感の近さ）と「即時性」（心理的距離、つまり相手との心理的、感情的つながり）を推進できるか。それが「社会的存在感」問題です。

**●「多い方がよい」とは限らない。** 曖昧で、多義的で、不明瞭な状況ではリッチメディアの方が効果的なのに対し、単純明快な状況ではリーンメディアの方が効果を発揮します。

**●繰り返そう……ただし戦略的に。** リーダーは自分の権限の幅に応じて、各種のメディアを順々に——最初はシンクロで次は非シンクロ、もしくはその逆——用いて「繰り返しコミュニケーション」をするとよいでしょう。そうすることでメンバーにメッセージの重要性を念押ししたり、迅速な行動を促したりすることができます。

**●必ずメンバーに意見を聞こう。** 国境を越えたチームでは、文化や言葉の違いを念頭に置いておく必要があります。どういうコミュニケーションメディアを選ぶべきか——シンクロなのか非シンクロなのか——は、メンバー各人の所属文化や共通語の語学力に応じて変わってきます。

**●ソーシャルディスタンスを縮めよう。** ソーシャルツールは、遠く離れた同僚同士のつながりや、知識共有、連携、共同イノベーションを後押ししてくれます。業務の重複が減り、浮いたリソースを必要なところへ振り向けられるというメリットもあります。ソーシャルツール上で仕事外のコミュニケーションをすると、それが潤滑油となって仕事上のコミュニケーションもスムーズになります。全社的ソーシャルツール上での雑談には、一般社員だけでなくリーダーも参加すべきです。

第5章

# アジャイルチームがリモート環境で活動するには

# How Can My Agile Team Operate Remotely?

米テレビの人気シットコムドラマ『シリコンバレー』は、カリフォルニア州シリコンバレーで次なるヒット商品の制作に取り組むソフトウェア開発者5人グループの話です。5人は一つ屋根の下に住んでおり、事実上の「アジャイルチーム（「機敏な」という意味のアジャイルは、製品開発手法の一つ。アジャイル・スタイルで迅速に開発を進める少人数チームをアジャイルチームという）」といえます。ドラマの中で次々と問題――ハイテク関連だったり、ロジスティクス関連だったり、人間関係だったりいろいろ――が勃発するたび、その場で議論が始まります。オフィスとして使っているリビングルームで定例ミーティングを開くこともありますが、キッチンや車寄せや廊下や庭が議論の場になることもしょっちゅうです。言い換えれば、チームメンバーが常に物理的に同じ場所にいます。ドラマのセットをみる限り、コロケーションこそはこのチームの密で、イノベーティブで、ダイナミックなコラボレーションの原動力であり、情熱やエネルギーの源泉でもあります。

マイク・ジャッジ、ジョン・オルトシュラー、デイヴ・クリンスキーらの制作になる同コメディドラマは、現実のソフトウェア業界を下敷きにしています。アジャイルチームを生み出した業界です。ソフトウェア開発者が新製品を迅速に開発・発売するためには、彼らが書くコンピュータコードの性質からいっても、コラボレーション志向・チーム志向の作業を支えるような「仕事の進め方」が必要です。1990年代後半にシステムプログラミングが急成長するにつれて、伝統的な「ウォーターフォール」型の製品開発手法［滝の水が上から下へ流れ落ちるように工程を順次進めていくことから、ウォーターフォール（滝）と名づけられた］が早急なアップデートを迫られたのはそのためです。ウォーターフォール型では、最初にかっちりした業務遂行計画を立ててから開発に着手し、工程が進むにしたがって順次、専任の部署へ業務を引き継いでいきます。しかし、このようなかっちりした時間のかかるアプローチでは、製品が顧客の手に届く前に早くも時代遅れになってしまうという批判がありました。

２００1年、一流のソフトウェア開発者17人がユタ州のスキーリゾート、スノーバードのロッジに集まりました。目的は、おしゃべりやスキーや食事を楽しみつつ、ソフトウェア開発の新手法を話し合うことでした。開発プロセスの初期段階で、製品をいち早く顧客の手元に届けられるような手法です。つまり、工程順送り式のウォーターフォール型アプローチの代替案を探ろうとしたわけです。同アプローチの誕生は第一次大戦時にまでさかのぼります。経営コンサルタントのヘンリー・ガントが、米軍の戦略の組織化用に開発したのが発端です。「アジャイルマニフェスト（後述）」の執筆者の1人ジェフ・サザーランドはこう言っています。「塹壕戦は過去のものとなったが、塹壕戦の計画に用いられた概念の方はなぜかいまだに引っぱりだこだ」

ユタ州のミーティングそれ自体が、対面コラボレーションの威力の実例といえます。ミーティングの成果が、「アジャイルマニフェスト［日本語版タイトルは「アジャイルソフトウェア開発宣言」。本書では「アジャイルマニフェスト」または「マニフェスト」とする］」です。ここには、アジャイルという新たなアプローチの特徴である適応性［変化に迅速に対応すること］と反復性［短期間の開発工程を繰り返すこと］が明瞭にうたわれています。

私たちは、ソフトウェア開発の実践あるいは実践を手助けをする活動を通じて、よりよい開発方法を見つけだそうとしている。
この活動を通して、私たちは以下の価値に至った。

プロセスやツールよりも**個人と対話**を、
包括的なドキュメントよりも**動くソフトウェア**を、
契約交渉よりも**顧客との協調**を、
計画に従うことよりも**変化への対応**を、
価値とする。すなわち、上段の事柄に価値があることを認めながらも、私たちは**下段の事柄**により価値をおく。

2001年以降、アジャイルチームは急速に普及し、シリコンバレーのソフトウェア業界をはるかに超えて広まりました。その過程でアジャイルチームという言葉がちょっとした流行語となり、神話性を帯びるようになりました。本章ではまず前提として、アジャイルチームの設計・運営のあり方を説明します。次に、アジャイル思想――勤務時間中ずっとチームメンバーが密に、頻繁に対面でコミュニケーションを取ることを重視する考え方――をリモート環境に応用できるとすれば、どう応用すればよいかを問いかけます。「アジャイルでリモート」といったら、一見矛盾しているように思えます。業界によっては神をも恐れぬ所業とみなされるでしょう。ところが私の調査によれば、実はアジャイルチームとリモートワークは驚くほど相性がよいのです。どう相性がよいのかを明らかにするために、まず、ロンドンに本社のある世界有数の多国籍企業ユニリーバ社を例にとり、大規模なリモートアジャイルチームを舞台にした同社のデジタル化戦略の展開をみていきます。次に、カリフォルニア州に本社を置く中規模ソフトウェア企業アップフォリオ社が、コロケート型アジャイルチームの急激なリモート化をどう乗り切ったかを紹介します。

## アジャイルチームの設計

アジャイルチームの設計は、リソースや能力のもっとも効果的な組み合わせをフレキシブルに見出すところにこそ競争優位が生まれる、という基本原則の上に成り立っています。アジャイルチームは少人数が基本です。迅速な意思決定と高い生産性を実現するためです。メンバーが多すぎたりコミュニケーションルートが複雑だったりすると、それが足かせになって業務がはかどりません。1チームのメンバー数は5~9人が最適だというのが、たいていのアジャイルチーム専門家の意見です。役割は流動的で、オールラウンドなメンバーが集まっているので、誰でも、どのタスクもこなそうと思えばこなせます。意思決定は原則として合意によって下し、特定の「責任者」は存在しません。チームは困難な、やりがいのある目標を目指して自己組織化（セルフ・オーガナイズ）します。そこから「仕事をやり遂げ（ゲット・シングス・ダン）」ねばという緊迫感が生まれます。するとメンバーのエネルギーとやる気に火がつき、チーム目標を自分ごとと捉えて取り組むようになります（エンゲージメント）。メンバーは仕事に対する当事者意識（オーナーシップ）をもち、着手~完了までの仕事の進め方に関して裁量権があるので、高度の自律性（オートノミー）と説明責任（アカウンタビリティ）をゆだねられてもひるみません。

アジャイル型手法の核となるのは、オープンで、率直で、頻繁なコミュニケーションです。個々のメンバーが何か問題にぶつかったらチーム全体に諮《はか》り、上司の協力を得て解決策を探ることができます。チームが成果を上げるには、仕事の結果がすぐに目に見えることが大事です。そのため、アジャイルチームでは早め早めに実験を行って、社内外の顧客からフィードバックをもらい、それを受けて判断を下していきます。製品開発やプロジェクトがスタートした後も顧客ニーズはどんどん進化していくので、最終製品が真のバリューを提供できるためには、早めに試作品をつくったり顧客と継続的にコラボレーションしたりすることが大切です。こうしたインタラクティブ（双方向的）なアプローチがあれば、前もって詳細なプランを立てたり、長たらしい報告書を作成したりする必要はありません。ビジョンや方向性について合意ができた段階でプロジェクトに着手し、仕事を進めるにつれて必要に応じてタスクを修正していくのがアジャイルチームです。

誕生このかた、アジャイルチームの最大の特徴といえば、チームミーティングはしょっちゅう開くべしという信念でしょう。アジャイルチームが毎日、原則として同時刻にミーティングを開くことはよく知られています。ミーティングの席では、メンバー各人が簡単な進捗報告を行います。ミーティングの頻度は環境によって変わりますが、原則的には定期的に短時間で、具体的には15分以内で行います。また、メンバー全員が参加するのが望ましいとされます。ミーティングの雰囲気はあくまでポジティブです。順調な点、そうでない点を洗い出し、プロジェクトの前進をはばむ障害があればその解決策を明らかにします。アジャイルチームには高度な信頼関係、率直なやりとり、そして説明責任が不可欠です。真の学びとイノベーションを達成するためです。

アジャイルチームはあくまでコロケート環境を前提としています。この点はいくら強調しても、し足りないくらいです。「アジャイルマニフェスト」はこう明言しています。「情報を伝えるもっとも効率的で効果的な方法はフェイス・トゥ・フェイスで話をすることです」。その背景には、アジャイルチームは対面で会話してこそいっそうアジャイルになれる、なぜなら対面で会話すれば、過剰な文書化から生じがちな混乱と諸経費を排除できるから、という信条があります。チームメンバーが1日中頻繁に顔を合わせることで、迅速な状況確認や、修正や、絆づくりが可能になります。これまたウォーターフォール的慣習である文書作成は、アジャイル方式では良しとされません。余計な時間がかかるし、たいていは不必要だし、説明してくれる文書作成者が目の前にいないと読み手が内容を誤解するおそれもあるからです。したがって常に対面のやりとりが基本とされてきました。対面なら誤解が生じてもその場で、互いのやりとりを通じて解決できるからです。

アジャイルプロセスのこうした主な特徴を考えると、分散型チームやリモートワーカーへの応用は不可能なように思えます。しかし本章で以下に述べるように、アジャイルプロセスはグローバルな分散型チームにも応用されて大成功を収めていますし、またリモート環境でもうまくいっています。かつてはコロケートだったのが、コロナウイルスの出現によってある日突然、在宅ワークを余儀なくされたアジャイルチームにおいてもです。ですから、リモートチームのリーダーやメンバーのみなさんも心配は無用です。毎日のコロケートミーティングに全面的に依存していた手法をリモートへ移行してもうまくいくのなら、何だってリモートへ移行できるはずだからです。

## アジャイルチームはソフトウェア開発限定ではない

「アジャイルマニフェスト」はソフトウェア開発業界で誕生しましたが、他にも製品サイクルの短縮化や情報量の膨大化が進む業界ではアジャイルが人気です。デジタルテクノロジーの急発達がもたらした環境で生まれたアジャイル型開発手法ですが、その活躍の場は特定のツールや分野に限られません。置かれた環境で「チームワークをどう進めていくか」。その答えの一つがアジャイルです。アジャイルなツールや枠組みやプロセスは、ソフトウェア開発や技術者チームの枠を超えて応用できます。例として、玩具メーカー、研究開発チーム、ラジオ番組、そして銀行2行がアジャイル型手法の各要素を導入して成果につなげたケースを、駆け足で紹介しましょう。

玩具メーカー・レゴ社は、製品開発プロセスの可視性を全社的に高めたいという目的でアジャイル型手法を導入しました。まず、製品チームを結成しました。自己組織化された、自律的な、反復を繰り返しつつ学習するスクラムチーム［少人数のアジャイルチーム］です。次に、8週間ごとに複数チームで合同ミーティングを開きました。ミーティングでは各チームの成果を報告し、依存性［他チームに依存しないと達成できないタスク］を検討し、リスクを予想し、次の発売時期の計画を立てます。最後に、経営陣や社外関係者から成るアジャイルチームもつくりました。個々の業務と長期的事業目標との連携を確保するためです。開発者は自分で自分の仕事を管理できるようになった結果、製品の納期をより正確に予測できるようになりました。アジャイル型手法の導入はレゴ社にとって、予測可能性の向上と成果改善につながりました。

多数の業界にまたがる多国籍コングロマリットである3M社では、研究開発チームは絶えず新たなイノベーティブな視点から新製品を考案し、生み出し、試作し、改良することを求められます。こうしたステップ一つ一つが、本質的に時間のかかるものです。そこで同社では、新製品開発に向けてスクラム・フレームワーク［プロジェクトの円滑な進行に向けた反復的、漸進的なアジャイル型枠組みの一種］を導入しました。ただし導入にあたっては、ミーティング頻度、文書化プロセスその他のアジャイル型手法を研究者のニーズに合わせて修正しました。厳密に決まっているプロジェクト納期と、イノベーションに欠かせないフレキシビリティとのバランスを取るためです。さらにプロジェクトを複数のスモールステップに分け、目標もフレキシブル化しました。その結果、研究開発チームのストレスが減り、効率が改善して、前以上の成果を出せるようになりました。

アジャイルアプローチは、業界を問わず製品開発のすべての段階で、エンドユーザーのニーズをプロセスの中心に据えることが不可欠です。確実にバリューを提供できる製品やサービスを生み出すのが目標だからです。アジャイルチームでは遂行すべきタスクを、エンドユーザーが使いそうな言い回しを使った「ストーリー」の形で書き表します。「この仕事は誰のためにする仕事か？　われわれが達成したいものは何か？　なぜ、顧客はこれが欲しいのか？」の疑問の答えとなるようなストーリーです。かつてのように憶測や机上の予測をもとに製品づくりをするのではなく、チーム内で頻繁な情報共有やフィードバックのループを繰り返し、それをもとに次なる「ストーリー」を創造します。そうすることで、顧客のニーズや期待に沿った製品の構築にフォーカスし続けることができるのです。

米国の公共ラジオ放送であるナショナル・パブリック・ラジオ（ＮＰＲ）も、アジャイル型手法のこうした側面を活かして、新番組づくりにともなう費用やリスクの低減に成功しました。同ネットワークではかつては、巨額の資金を投じて大がかりに新番組をスタートしていました。番組の成功を保証するような根拠データもないのにです。しかしアジャイルを導入した結果、小規模なパイロット版を各局に配信できるようになりました。配信後、アジャイルチームはローカル局の番組ディレクターやリスナーからフィードバックをもらい、番組の成否を判断します。リスナーの共感をよんだパイロット番組については制作を本格化し、ウケなかった番組は切るようにした結果、ＮＰＲは大幅なコスト削減とリスナー増を達成しました。

スペイン・マドリードを拠点とするサンタンデール銀行のマーケティングチームでは、自社のバンキングデータからバリューを創出する方法を考案・実験しました。広告代理店主導の長期的マーケティングサイクルの代わりに、２週間という短いスパンで小規模・低リスクのマーケティングキャンペーンを複数打ちました。これならどのキャンペーンが成功したか、すぐにわかります。この新データをもとに、タイミングをはかり、コンテンツを絞り込んで消費者への働きかけができるようになりました。最近の実験では、顧客の同行への愛着度が12％、満足度が10％上昇し、過去17年間で最高のネットプロモータースコア［ＮＰＳ。顧客ロイヤルティを数値化する指標］を記録しました。

オランダのＩＮＧ銀行では、アジャイル型手法を採用した結果、新商品発売までの期間（タイム・トゥ・マーケット）短縮や、顧客体験の向上や、オペレーションやデジタルバンキング機能の改善に成功しました。同行ではオランダ本社を大胆に再編成し、従業員を25％削減しました。同行のアジャイルアプローチの中心となったのは、職能の壁を超えた自律性の高い少人数の「スクワッド（小チーム）」でした。ゆりかごから墓場までの顧客サービスを担当するチームです。同行ではアジャイルを実施したことでサービスが迅速化し、社内の縄張り意識が打破され、引き継ぎ業務件数が大幅に減り、従業員満足度が向上しました。

以上の例はいずれも、ソフトウェア開発という比較的狭い世界から、さまざまな業界にまたがる現代のビジネスマネジメントへとアジャイル型手法を応用したケースです。どのケースでも、パフォーマンスが向上したのはアジャイルの前提条件あってのことでした。つまり少人数の、自律性の高い、自己組織化する、職能の壁を超えたチームがあり、メンバーが絶えず対面でコラボレーションしているという条件です。しかし「アジャイルマニフェスト」が執筆された２００１年以降、世界は変わりました。対面コラボレーションが常に可能とは限りませんし、常に望ましいとも限りません。すでに数多くのアジャイルチームが顧客のグローバル化に押されて、国境を越えたバーチャルなコラボレーションを余儀なくされています。

してみれば今後の課題は、「対面のやりとりがなくてもアジャイルチームがアジャイルらしさを維持することは可能か否か」です。言い換えれば、「どうすればアジャイルの手法やニーズをリモートチームの手法やニーズと調和させつつ、信頼関係やコミュニケーションといった付随的問題をクリアできるか」ということになります。

では、その具体的な方法を説明しましょう。

## ユニリーバのデジタル化とアジャイルチーム

組織は巨大な戦艦よりもむしろ小型スピードボートの群れに似ている……いくつもの高パフォーマンス・チームから成る、生きた有機的ネットワークである。

——スティーブン・デニング著『Age of Agile（アジャイルの時代）』

ユニリーバ社の取締役副社長（デジタルトランスフォーメーション担当）で、勤続29年の古株社員でもあるラウール・ウェルドは2017年から、300余りのリモートアジャイルチームの運営を支援してきました。どれもいくつものタイムゾーンにまたがっているチームなので、同社のリモート形式のタウンホールミーティング〔経営陣と従業員が一堂に会して行う対話集会」は「おはようございます、こんにちは、こんばんは」という挨拶とともに始まります。

ユニリーバは、ロンドンに本社を置く多国籍消費者製品メーカーです。そもそものきっかけは、消費者マーケティングへのアジャイル導入というパイオニア的構想でした。マーケティングチームが再編成され、自律性を獲得し、「エンパワーメント（権限委譲）とコラボレーションとアジリティ（アジャイル性）」を活かして活動するようになりました。こうしたあり方は程なく、全社的に応用できる形態へと進化しました。ウェルドには、アジャイルとリモートという一見相反するかに思えるチームワークのあり方は実は両立可能であり、しかも同社のデジタル化戦略推進にとっては両立が必須でもある、という確信がありました。ユニリーバのアプローチは、アジャイルチームのリモート化・グローバル化・大規模化が可能だという証拠です。ウェルドはさらに、アジャイルとリモートの結合は究極的にはデジタルとグローバルの結合にほかならないことも発見しました。

## グローバル・ローカル間のダイナミクス

世界190カ国に400以上のブランドを展開するユニリーバは、何十年も前からリモート化しています。分散型チーム構造を軸にしてグローバル組織を築き、さまざまな市場に展開してきました。ダヴ石けんからマグナムのアイスクリームバーに至る各種日用品を製造・

販売する多国籍企業にとっての「成功」とは、個々のローカル市場の特性と広範なグローバルオペレーションとの絶妙なバランスを取ることを意味します。

ウェルドの言葉を借りれば、「我が社の消費者は本質的にローカルです……したがって、全社的な枠組みを設ける一方で、それを個々のブランドや地域の事情に合わせて具体化することが求められます。例えば、我が社が中国でやっていることは米国でやっていることとは全然違うし、イギリスでやっていることとも全然違います。それを言うなら、ダヴでやっていることだって、リプトン・ティーやマグナム・アイスクリームでやっていることとは全然違います」

ウェルドによれば同社ではこうした特殊なビジネスニーズに応じて、クラウドコンピューティングやビッグデータ等のデジタルテクノロジーを利用してローカル市場との関係を築くことで、新たな「グローカル（グローバル＋ローカル）」なビジネスの構築を探っているそうです。ウェルドにインタビューしてそのビジョンを聞かせてもらい、その後も何度か話を聞いてみると、彼が短期的、長期的な視点を兼ね備え、ファスト思考とスロー思考のどちらもできる非凡なリーダーであると同時に、全世界の顧客のためなら全面的アジャイル化も辞さない勇気ある人物であることがよくわかります。

しかし、商品の消費はグローバルな行動ではありません。現実の販売時点（ポイント・オブ・セール）はあくまでローカルな体験であって、商品が最終目的地である町に、店に、そして最終的には陳列棚に到着するまでのラスト・ワン・マイル〔商品をエンドユーザーの手に届ける最終工程〕に左右されます。反復的、自律的に、かつリモート環境で活動する結果志向のアジャイルチームなら、個々のラスト・ワン・マイル特有のニーズにフォーカスすると同時に、複数国にまたがる自社のデジタルネットワークを駆使してチームワークを進めることができるはずです。ローカルな持ち味とグローバルスケールとの間の、デジタルツールに支えられた相互作用こそは、リモートでアジャイルなチームワークの最大の強みではないかとウェルドは気づきました。

シスコやオラクルといった、アジャイル型手法に頼って発展してきた新興ハイテク各社は、自然な成長過程としてグローバル化していきました。しかし創立90年を数え、その「パンとバター（収益源）」がアプリやソフトウェアではなく、文字通りパンとバターであるユニリーバの場合は、進む方向が逆でした。「全世界にまたがる巨大なグローバルビジネスをいかにしてデジタル時代へ移行させるか」が同社の課題となったのです。この歴史的ミッションを構成する3本のベクトルの1本目は、当然ながら「テクノロジー」、つまり支援ツールです。2本目は、同社の最大の武器である「プロセス」で、これを新たなテクノロジーやツールに合わせて再編成しました。最後の、そして最重要なベクトルは「人材」です。ユニリーバの数々の商品を消費するのは――石けんの香りをかぐのも、アイスクリームを味わうのも、お茶を飲むのも――「人」ですし、それぞれの商品を発想から商品化まで推し進めていく仕事の背後にいるのも「人」だからです。一方でアジャイル型手法は、デジタルテクノロジー、反復的プロセス、そして密なコラボレーションを重視します。そう考えれば、アジャイルは3本のベクトルのどれとも合致するのです。

ユニリーバでは、デジタルテクノロジーへの移行をきっかけにアジャイルチームが導入されました。世界各地に展開する老舗の多国籍企業が、両イノベーション間の相乗効果に助けられて、グローバル・ローカル間のギャップに橋をかけることに成功したのです。これは驚くべきことだと思います。

## 生まれながらにしてアジャイルなアップフォリオ

ユニリーバと違い、「生まれながらにして」アジャイルなのがアップフォリオ社です。同社の設立趣旨によればその使命は、不動産業界等の一定の垂直産業［特定のニッチ市場をターゲットとする産業］のデジタル化を支援するソフトウェアの開発だといいます。製品第1号は、不動産マネジャー向けのソフトウェア・ソリューションでした。アップフォリオは創立このかた、多くの面で「アジャイルマニフェスト」の正道を歩んできました。同社のエンジニアリング部長であるエリック・ホーキンスは、自社の成功の理由はアジャイルなチームワーク構造だと言います。同社のうたう価値観の一つは、「偉大な人材が偉大な会社をつくる」です。ホーキンスによれば、社がアジャイルでいられるのは少人数の、特定プロジェクトにフォーカスしたチームがあるからだそうです。

私がアップフォリオ社に関心をもったきっかけは、同僚のポール・レオナルディです。レオナルディはカリフォルニア大学サンタバーバラ校の技術経営・工学の教授で、アップフォリオ社に知り合いがたくさんいます。同社の共同創業者クラウス・シャウザーもその1人です。かつてはカリフォルニア大サンタバーバラ校のコンピュータサイエンスの教授だったシャウザーが、ハイテク企業の立ち上げ経験が豊富なジョン・ウォーカーと共に2006年に創業したのがアップフォリオです。

シャウザーとウォーカーが同社を立ち上げたのは、企業がデジタル時代へ移行するためにはイノベーティブなソフトウェアが必要だと考えたからです。絶えざる反復というアジャイル思想は、社の設立趣旨と合致していました。零細企業アップフォリオでは、ソフトウェア開発からマーケティングに至るまで、とにかくプロジェクト形式の業務にはなんでもアジャイルチーム方式を採用しました。創立以来14年というもの、同社はアジャイルチームの効果的な設計・活用法のお手本といってもいいくらいです。

それぞれのアジャイルチームは製品マネジャー1人、デザイナー1人、品質保証技術者1人、それにオールラウンドなソフトウェア技術者が数人という構成です。ソフトウェア技術者はみな、開発プロセス中のどの役割でもこなせる能力があり、プロジェクトのニーズに応じて複数チームを掛け持ちします。製品マネジャーは二つかそこらのチームを掛け持ちし、製品リーダーの監督下にあります。どういうプロジェクトをやるかは、各チームが集中的な対面ブレーンストーミングを経て自分たちで選びます。各チームに狭い範囲のタスクが与えられてこれを遂行せよと言われることはありません。漠然とした大きな問題を提示されるだけです。したがって反復するのも、思いつきで行動に出るのも、チームメートの成果を取り入れつつ自分なりのソリューションを目指すのも自由です。結果としてやる気満々で、機敏に動けて、顧客と密接な関係を保てるアジャイルチームが生まれました。こうした自律性の高さは、人材獲得にあたっても物を言います。最優秀な人材にはグーグル等の大手に入社する道が開かれていますが、アップフォリオにも大手の向こうを張れる売り文句があります。「うちへ来れば少人数のアジャイルチームの一員として、やりがいのある技術的課題を自分たちで選んで取り組むチャンスがありますよ」というのです。

同社では「アジャイルマニフェスト」に忠実に、毎朝、チームが対面ミーティング、通称

「スタンドアップ［ミーティングが長引かないよう、立ったまま参加する］」を行います。ミーティングの席では、リーダーがメンバー各人の仕事の進捗状況を確認します。ホーキンスに言わせれば、「対面のやりとりがもっとも情報量の多いコミュニケーションだというのが我が社の信条です。それがあってこそ、アジャイル型開発に必要な迅速な決定が可能になります」ということです。六つのアジャイルチームを監督していたホーキンス自身、毎週、25人いた直属の部下一人一人と個別ミーティングを行いました。コラボレーション的やりとりを推進するため、テーブルに向かい合って話し合うのではなく、外へ出てカリフォルニアの陽光を浴びて並んで散策しながら話をすることもよくあったそうです。

これまたアジャイル精神にのっとってホーキンスは、技術者らのオールラウンドな能力をフルに活かすべく、定期的に彼らをチームからチームへ異動させました。どのプロジェクトでも目標に最適な布陣ができるようにです。異動するにつれて社員たちはお互い知り合いになり、親交を深めていきました。その結果、互いに交流のある複数チームから成るネットワークが誕生しました。全チームがサンタバーバラ本社勤務でした。本社オフィスはオープンコンセプト［壁や仕切りがほとんどない］なデザインになっていて、社員が自由に動き回れます。アイデアの異花受粉を促す空間です。アップフォリオ社のユーザー体験デザイナー、クレイトン・テイラーは、同社がアジャイルアプローチに成功した重要な要素の一つがコロケーションだと言います。「同じ職場にいることで全員が、進行中の全プロジェクトについて少なくとも基本的な知識をもてます。近くにいれば自然とわかってくるからです」。例えば、テイラーのチームが部外者からのアドバイスが欲しい場合は、何フィートか歩くだけで、過去のアジャイルチームで一緒だった同僚たちに助言を求めることができます。職場で始まった会話を、勤務時間後も一杯やりながら続けることもよくあったといいます。

ホーキンスは、同社のオフィスのコラボレーション的雰囲気の特徴を「割り込み駆動型［コンピュータが周辺機器から要求を受けた場合に、実行中の処理を中断し、要求された処理を行うこと］」と形容します。その場にいるが圧はかけないのがリーダーである自分の立ち位置だと考えており、メンバーが助言を求めればいつでも応じるが、それ以外のときは手を出さないことにしているそうです。ホーキンスは、職場でチームメートの姿が見えることが大事だと言います。彼はオープン・ドア・ポリシーの信奉者でもあります。誰でも自分のデスクへやってきて質問したり支援を求めたりしてよい、という意味です。チームメンバーが自分を必要とするような事態が生じたらその都度、リアルタイムで対応する。その繰り返し（反復）が自分の仕事だというのがホーキンスの見方です。

## リモート化したアップフォリオ

世界中の多くの企業と同様、アップフォリオ社の存在形態も２０２０年に唐突に、そして劇的に変わりました。コロナウイルスの出現によって米国が一夜にしてロックダウン下に置かれたとき、アジャイルかつ対面という同社のチームワークのあり方は、急激なリモート化という根本的課題に直面しました。ホーキンス率いるチームは最初のうちこそ楽観的に構えていましたが、リモート化１週間にして早くも影響が出てきました。ホーキンスはこう語ります。「全力で取り組みました。当初はみんな、熱意とエネルギーにあふれていました。『ようし、やってやろうじゃないか。チームが一丸となって乗り切ろう。在宅ワークになっても、これまでと変わらず仕事を続けよう』と思っていました。でも１週間が終わる頃には、完全にやられました。へとへとでした。週明けにメンバーに感想を聞いてみたところ、こんな答えが返ってきました。『やれやれ、たて続けのビデオ会議をあといくつこなせるか自信がありませんよ』」

ホーキンスはすぐさま、これまで慣れ親しんできたコラボレーションのあり方はバーチャル環境へは持ち込めないと悟りました。同社のアジャイルチームのコラボレーション志向の、かつホーキンスの言う「割り込み駆動型」のカルチャーを構成していたすべての要素が、突如として消滅してしまったのです。何か問題が起きても、もうその場で集まって手短に話し合うこともできません。同社のオフィスは、ホーキンスに言わせれば「摩擦ゼロ」の業務進行を促すようなデザインになっていました。それがいまや、全員が散り散りになって自宅にこもり、慣れないリモート環境で仕事をしています。陽射しを浴びながら散策していたのが、いまやビデオ会議です。

全員が同じ職場にいた頃のアジャイルチームは、インフォーマルなやりとりがもつ自然なリズムに助けられてうまくやっていました。テイラーが指摘したように、チームが有機的なやりとりを通じて自由に思いつきを試したりイノベートしたりするにはコロケーションが必須でした。ネットフリックスの番組をめぐる雑談がいつの間にか、新プロジェクトに関する熱心なブレーンストーミングへと転じることもありました。しかしバーチャル環境では、こういう自然なリズムは望めません。同僚とのコミュニケーション手段はいまでは、ばらばらな時刻にやりとりするテキストや音声やビデオだけです。職場での対面コミュニケーションの中心的要素だった自然発生的な会話も、手ぶり・顔の表情等の非言語キュー（合図）も消滅してしまいました。

非言語キューが失われた結果、自分が発言するタイミングや同僚の発言を聴くタイミングを察知しにくくなったことにホーキンスは気がつきました。結果として、悪気はないのですが同僚の発言にかぶせて発言することが増え、バーチャルミーティングが雑然とした雰囲気になってきました。他方、1対1ミーティングはバーチャルだと堅苦しくて不自然な感じがします。全員がサンタバーバラ本社にいて、戸外を散歩しながら部下と気軽に話し合っていた頃とは大違いです。

オフィスを離れた最初の2週間は厳しいものでした。しかしアップフォリオ社はやがて、リモート環境でアジャイルに働くコツを発見しました。場合によっては在宅ワークにもそれなりのメリットがあることも見えてきました。選ぶ余地があれば、在宅ワークと職場通勤との混合形態を選ぶ働き手が多いのですが、ホーキンスのチームの移行ぶりをみるとその理由がよくわかります。

アップフォリオのリモート化が示すように、アジャイル型手法とリモートワークは決して両立不可能ではありません。元祖アジャイル思想が何と主張しようとです。アジャイルチームのあり方を一部修正しつつ、多くの面で「マニフェスト」の精神を維持することは可能です。ホーキンスによれば、彼のチームが1週間で遂行すべき業務のうち、真にコラボレーション的ないしクリエイティブなタスクは10～20％にすぎないといいます。それ以外は実は単独でできる、特定目的にフォーカスした作業なのです。ホーキンスにとっては意外だったことに、リモート化の結果、フォーカス業務遂行にあたってのメンバーの効率性と生産性はぐんと向上しました。職場で同僚がそばにいて気が散ることがなくなったおかげです。このメリットは、チームが長らく実践してきたコラボレーション活動の喪失というデメリットを埋め合わせて余りあるのではないか、とホーキンスは思うようになりました。

## スムーズなリモート化を助ける要素

私のみるところ、コミュニケーションその他の共同作業向けの規範をすでに確立しているチームは総じて、リモートワークへの移行準備万端といえます。例えばあるアジャイルチームでは、自分がヘッドホンをつけているときはどう対応してほしいかをめいめいが他のメンバーに伝えておくという慣習がありました。あるメンバーは、自分に話しかけたいときは「肩を叩いてくれればいい」と言いました。別のメンバーは、自分に何か聞きたいときはまず「スラックでメッセージを送って、いまやっている仕事に割り込んでもいいかどうか確認」してからにしてほしいと希望しました。このように互いに自分の要望を気兼ねなく伝えられる関係のまますんなりリモートワークへも移行した結果、在宅ワーク体制ではどういうスケジュールやコミュニケーションがめいめいにとっていちばん都合がよいかも率直に話し合うことができました。

もともとコロケートメンバーとリモートメンバーが混在しているため、すでにデジタルプラットフォームを利用してミーティングを行っているチームも、全面リモート化へ移行する準備ができているといえます。例えば米国に本社を置くある多国籍企業では、大人数のアジャイルチームのミーティングは自社ビル内のきまった会議室で開くのが長年の慣習でした。同社は原則としてコロケートでしたが、チームメンバーの30％ほどは会議室の内線番号に電話してのリモート参加でした。他州や他国の支社にいたり、あるいは単に、会議の日に配管業者が来るので家にいなくてはならないといった理由からです。会議室はいつも奪い合いだったので、万が一、部屋を押さえそこねて開始間際に会場が変更になると、リモートメンバーが参加しようとしても技術的な問題にはばまれました。

しかしコロナ拡大によるロックダウンが始まる少し前から、アジャイルチームのミーティングには社内ソーシャルメディア・プラットフォームを使うことになりました。携帯電話からメールアプリ経由で利用できるプラットフォームです。これならリモート参加者は特定の物理的地点ではなく特定の番号にかければよいので、従来の技術的トラブルは解消しました。チームが全面リモート体制へ移行したときにはすでに一連のミーティング実施規範が確立されていたので、移行はきわめてスムーズでした。チームメンバーはすでに、会議室というきまった場所でミーティングを行う方式から、きまった時刻に全員共通の番号をプッシュしてミーティングにアクセスする方式へと頭を切り替え済みだったからです。

## リモートアジャイルチームのベストプラクティス

私が調査したリモートアジャイルチーム――以前からあるものも新たに結成されたものも含めて――に共通してみられた、効果的なプラクティス（実務慣行）が五つあります。これらを実践すればたとえリモート環境でも、コラボレーションから湧き出る生産的エネルギーというアジャイルチームの本領を発揮し続けることができます。どのプラクティスをみても、リモートならではの強み、例えば効率やスピードは、アジャイル型手法と両立可能というだけでなく、方向性がぴったり一致しています。リモートアジャイルチームは決してコロケートアジャイルチームにひけをとりません。アジャイルの諸原則を若干修正しさえすれば、場合によってはむしろ同じ職場で、対面で仕事をしていない チームの方が、アジャイル型手法をより効果的に実践できることもあります。

### 準備は単独で、仕上げは共同で

アジャイル型手法をリモート環境に応用するためには、これまでのような絶えざるコラボレーションから、「自分のスケジュールに合わせて自律的に行う単独作業」と「リアルタイムのコラボレーション作業」との組み合わせへの切り替えが必要です。つまりリモート環境では、各人が非シンクロ的に仕事を進めることによって、自然発生的な対面コラボレーションというアジャイルプロセスを円滑化する必要があります。これまでならリアルタイムで解決できたような問題について、各人があらかじめ単独で作業したり考えたりしておくことが重要なのです。バーチャルミーティングの前にメンバーに簡単な議題リストを送っておいたり、主な議題について検討しておいてほしいと伝えておけば、リモート環境でもアジャイル本来の短時間の、効率のよいミーティング進行を実現できます。

バーチャルプラットフォームでは、リアルタイムのブレーンストーミングが自然発生的に始まるというわけにはいきません。そのためリモートでのアジャイルコラボレーションでは、チームによるブレーンストーミング前にあらかじめ、共通のプラットフォームに意見を書き込んでおいてほしいとメンバーに伝えておくことが大事です。アイデア提案の最初のステップとしては、すでにチーム内で使い慣れている非シンクロなコミュニケーションツールを使うとよいでしょう。例えば、リアルタイムのバーチャルミーティングに先立って、めいめいのアイデアをメール、社内ソーシャルメディア、共有ドキュメントなどでシェアしておくのです。他のメンバーもこれに目を通してコメントをつけておきます。こうすればミーティングが始まったらすぐさま、出ているアイデアを評価したり、解決すべき課題にターゲットを絞ったりできるので、何もかもを一から話し合って貴重な時間をムダにしなくてすみます。

## ブレーンストーミングは共有ドキュメントで

対面からリモートへ移行したアジャイルチームのメンバーに話を聞いてみると、意外にも、バーチャル化によってチームが理想のアジャイルのあり方にむしろ近づいたという感想が聞かれます。グーグル・ドキュメント等の非シンクロなコラボレーションツールを利用すれば、従来のコロケート勤務につきものの「ガードレール［アジャイルチームワーク円滑化のためにメンバー間で行う取り決め］」や制約にとらわれず、反復を繰り返すことができます。何か思いついたらその都度、自分の都合のいいタイミングで、共有の成果物上でコメントや提案を出せばいいのです。これがコロケートだったら定例ミーティング中に、あるいは同僚の手が空いていそうなときに、タイミングを見はからって話を持ちかけなくてはならなかったところです。そう考えると、ホワイトボードを前にしてインフォーマルな話し合いをするというコロケートのやり方よりも、目の前の成果物への取り組みに専心集中し反復を繰り返すしかないリモートアジャイルの方がむしろ、アジャイルの前提条件にかなっているといえます。ホワイトボードは写真に撮っておくのでもない限り、保存して後の話し合いに利用することはできないからです。

特にマネジャーにとってこの方法は、アイデアを議論し、チームとして迅速に決定を下す上で便利です。チームワークについて何らかの案があってメンバーの同意が欲しいなら、その案を短いインフォーマルなドキュメントに書き起こしてメンバーとシェアし、非シンクロ的に意見を出してもらうといいでしょう。言い換えれば、メンバー各人にめいめいのタイミングで案を検討してもらい、それにつれて案が自然に進化していくのを待とうということです。全員に意見や情報の提供機会を与えた上で初めてチームを招集してバーチャルミーティングを開き、懸案事項や最終見解を出し合えばよいのです。すでに全員が書面で意見を述べるチャンスを与えられており、その意見は保存されていて参照できるので、職場で顔を突き合わせて何もかもをいちいち議論するのと比べてはるかにスムーズに決定に至ることが多いです。

## ミーティングを効率化しよう

コロケートアジャイルチームの核となるのは、毎日のスタンドアップミーティングです。ミーティングの席で各人が担当業務の進捗報告をし、他のメンバーがそれに対して意見を述べるというのがコロケートチームのやり方です。めいめいが、てんでに発言します。全員が同じ部屋にいる場合、ミーティングの成果が上がるかどうかは一つには、ソーシャル・キューを読み取る能力や、自分以外に発言しようとしている人がいるかどうかを見はからう能力に左右されます。しかし、バーチャルミーティングでそんなものは明らかに通用しないでしょう。

リモートでは、毎日のスタンドアップミーティングにもまた別のやり方が必要になってきます。つまり、もう少し仕切って進める必要があります。一つの方法は、各人に持ち時間を割り当てて邪魔を入れずに発言させてから、次の発言者にいわばバーチャルバトンを引き継いでいくというものです。こうすれば、悪気はないにしても人にかぶせて発言してしまう、なんとかして「部屋の空気」を読もうとするけれどもバーチャルなので読めない等の問題は解消します。

9人とか10人とかの大人数のアジャイルチームをリモート化したときに生じる問題の一つに、デジタルテクノロジー経由の方が発言のハードルが低くなるというのがあります。リモートミーティングの席で10人が自由に口をはさんで意見を言おうとするのを収拾するのは、容易なことではありません。そこで、プロジェクトの初期段階ではバーチャルミーティングの参加人数を減らすという手があります。そうすることで的を絞った話し合いができます。職能の壁を超えた少人数グループでミーティングを開くのも、意思決定のスピードアップにつながります。例えば技術者1人、プロジェクトマネジャー1人、デザイナー1人といった具合です。少人数グループで話し合ってある程度の段階に達したところで参加人数を増やし、さらなる意見やさらなるエネルギーを投入してもらえばいいのです。

バーチャルミーティングは、やりようによっては対面ミーティングよりも効率化できます。アジャイルのルールを厳密に守るなら毎日のミーティングは15分で切り上げなくてはならないはずですが、現実にはなかなかそううまくはいきません。スタンドアップミーティングでのメンバーの進捗報告に要する時間は、1人あたり2〜3分と想定されています。したがって仮にメンバーが6人いたら、理想的にはミーティングは12〜18分で終わるはずです。しかし実際には、前の会議の参加者が会議室からはけていくまで待ったり、パソコンを電源に差したり抜いたり、ミーティング後に雑談したりと、なんやかんやでミーティングは15分ではすまず、30分近くかかることもあります。

しかしバーチャルミーティングなら、こうした面倒ごとはほぼ回避できます。全員が揃う前に早々と「到着」してしまった人は、メール処理などの短時間でできるタスクを片づけていればいいのです。ミーティング終了後に単独作業に戻るのも簡単です。会議室を出て自席まで歩いていく必要もなく、アプリからログアウトするだけでいいのですから。

対面ミーティングではあまり出番がないけれども、バーチャルミーティングには便利なデジタルツールが二つあります。一つはバーチャルホワイトボードです。職場にあるリアルなホワイトボードだと、すわっている角度によっては見にくいこともありますが、コンピュータ画面ならそんな心配はありません。二つ目は画面共有です。誰かの作業を見たいとき、自分のコンピュータ画面を切り替えれば全画面モードで見られるというものです。職場で同僚の肩越しにコンピュータ画面をのぞき込むよりはるかに効率的です。

## デジタルコミュニケーション規範をつくろう

リモートチームでは、どういうやりとりにはどのデジタルメディアが最適かという規範をつくるといいでしょう。例えば、フォーマル性は高いが急ぎではない要請にはメールが最適だとか、フォーマル性は低いが緊急性の高い要請にはインスタントメッセージングアプリの方が適しているとかです。

手短な状況確認には電話が便利です。たとえ社のオフィス環境が、メンバー間のちょっとした1対1の会話や打ち合わせをしやすいような設計になっていても、コロケートアジャイルメンバー全員がそういう配慮のあるオフィスにいるとは限りません。特に、プロジェクトのニーズに応じてチームからチームへ渡り歩いているメンバーなら、廊下のずっと向こうの部屋にいることだってあるでしょう。何十年も前、まだ携帯電話がなかった頃には、デスクの上の電話機から2フロア上や3フロア下にいるチームメンバーに電話したものです。やがてデジタルテクノロジーが進化するにつれてチャットルームやインスタントメッセージングが登場し、廊下を歩いていったり、同僚のブースをノックして進捗状況を確認したりしなくてもインフォーマルなコミュニケーションができるようになりました。

リモートワークになると今度は、同僚のブースをのぞいて状況確認する代わりに、自分の携帯電話からメンバーに電話するようになりました。時間も手間もかかる携帯メールはまたしても、行ったり来たりのやりとりがほぼ、あるいはまったく必要ない案件用へと格下げになりました。特に小さい子を抱えて在宅ワークしていて、ノイズキャンセリング式ヘッドホンをつけてコンピュータに向かっていたら、思いついたらとりあえず電話をかけるのが普通はいちばん手っ取り早いでしょう。

職場での対面のやりとりはきまった勤務時間内に限定されるのに対して、バーチャルコミュニケーションはやろうと思えば昼夜を問わずいつでもできてしまいます。したがってマネジャーは、コミュニケーションすべきタイミングとすべきでないタイミング――こちらの方が重要――のガイドラインを設けるべきです。これは仕事とプライベートの線引きを維持するためです。

## フィードバックは匿名で

アジャイルチームのコラボレーションは誠実な姿勢と、信頼関係と、率直なコミュニケーションの上に成り立っています。何か意見があれば、上流のマネジャーへ具申するのではなくメンバー間で議論します。アジャイル型手法では、業務の一つの段階――アジャイル用語では「スプリント」――が終わるごとに振り返りを行います。今回の業務体験のどこがよかったか、どこに不満があるか、ひらめいたアイデア、お祝いしたいことなどを各人が匿名のポストイット・メモに書き込み、オフィス内の専用の壁に貼ります。

しかし、たとえ親密なコロケートチームであっても、誠実な姿勢や信頼関係や率直なコミュニケーションをいつも苦もなく維持できるとは限りません。これがリモートだったり大規模だったり大人数だったり、あげくはその三つが揃ったアジャイルチームだと、さらに困難です。しかしそういうチームであっても、チームのプロセスやダイナミクスについての継続的フィードバックや率直なコミュニケーションは欠かせません。そこでリモートチームでは、リーダーがインタラクティブなツールを使って、メンバーの業務体験についてリアルタイムでデータを収集するとよいでしょう。例えば、バーチャルミーティングの席で議題について匿名で質問や意見や懸念を出してもらうのです。並行してリーダーが匿名アンケートを行って、メンバーの意見を収集するという手もあります。

デジタルツールの匿名性を利用すれば、ひときわ率直なコメントが期待できます。コメントの余波を気にすることもなく、過ちを教訓としてチームが成長できます。何か具体的な不満があるメンバーは、各種アンケートを通じて懸念を表明すればいいのです。こうした匿名の回答をもとにワードクラウド［ドキュメント中の頻出語を、頻出度に応じたサイズや色で表示したもの］を作ってミーティングのときに流せば、会話にはずみがついたり、その場でフィードバックが得られたりします。このように、デジタルツールには対面のやりとりでは望めない利点があります。対面ミーティングの場では、歯に衣着せぬ意見を言いたいと思ってもなかなか言えないものですから。リアルタイムのフィードバックは、複数のアジャイルチームが連携している場合も有効です。チームレベルとチームの壁を超えた部署レベルの両方で視野の広い分析が得られるので、生産性が向上します。

同じ職場で顔を合わせて仕事をしていない**いない**チームでも、アジャイルの諸原則を実践することは可能です。従来、アジャイルの最大の前提条件は少人数のコロケートチームでした。それが毎日の短時間のミーティングに最適だと考えられていたからです。全員が進捗状況を報告し、問題が起きれば話し合い、次のステップへ向けて連携するようなミーティングです。しかし多国籍企業各社は、アジャイルチームのリモート化の可能性にいち早く着目して、アジャイルな手法や思想を大規模な分散型チームに応用することに成功しています。アジャイル型手法を若干修正すれば、条件次第では、リモートアジャイルチームは決してコロケートアジャイルチームにひけをとりません。

リモート環境で成功する――

## リモートアジャイルチーム

**◉バーチャルミーティングの準備は非シンクロでやろう。**メールや共有ドキュメントを活用してミーティング前にあらかじめブレーンストーミングしておくことで、自然発生的なコラボレーションが実現します。全員がすでに書面で意見を述べる機会を与えられており、しかもその書面は残っているので、コロケートオフィスで何もかもを一から話し合うのと比べてはるかにスムーズに決定に到達できます。

**◉定例ミーティングは積極的に仕切ろう。**メンバー各人に持ち時間を割り当て、邪魔を入れずに報告させましょう。終わったら次のメンバーにバーチャルバトンを引き継がせます。まずは職能の壁を超えた少数のメンバーで事前ミーティングをしてから、全体ミーティングに諮るとよいでしょう。

**●バーチャルミーティングならではの強みを活かそう。** バーチャルなら各人が自分のタイミングで、非シンクロな形でチームワークに貢献できます。バーチャルホワイトボードや画面共有を利用して効率を上げましょう。

**●ローンチ（リローンチ）・ミーティングはまめに開こう。**（第1章でも述べたように）リモートチームは電話やメールやビデオ会議といったデジタルコミュニケーションが頼りですから、お互い連絡を絶やさないことが大事です。どのコミュニケーションツールをどういうタイミングで利用するかに関するチーム規範をつくりましょう。

**●デジタルツールを利用して継続的にコラボレーションしよう。** ホワイトボードやウォータークーラーの前に集まるのとは違って、デジタルツールでつながっていれば互いの仕事の成果を把握できます。リアルならその場で露と消えてしまうコラボレーションの成果もデジタルなら残りますから、修正や改良や見直しを重ねてその後のチームワークに活かすことができます。

第6章

# グローバルチームが文化や言葉の違いを超えて成果を上げるには

# How Can My Global Team Succeed Across Differences?

北米文化の中で育った人なら、人と話すときは相手の目を見ましょう、それで信頼感と誠実さが伝わるからと教わってきたのではないでしょうか。しかし北米以外の地域で育った人の中には、まっすぐ視線を合わされると、無遠慮だとか威圧されているみたいだと感じる人もいます。相手のことをよく知らないならなおさらです。この両文化の出身者がチームを組んだ場合、北米出身者が無意識のうちに同僚を居心地悪い気分にさせてしまう可能性があります。片や、視線を合わせることに慣れていないメンバーの方は、無意識のうちにやる気のなさそうな空気を漂わせてしまうことがあります。実際にはやる気満々なのにです。国境をまたいで共に働くグローバルチームは、メンバーの所属文化の違いに振り回されます。視線の話はほんの一例にすぎません。挨拶のしかた、契約の結び方、決定の下し方、目上の人に対する話し方など、実に多くのことが文化規範に左右されます。そして文化規範は地域によって違います。

リモートなグローバルチームには、文化の違いはつきものです。「自分の目に映る自分の姿」と「他人の目に映る自分の姿」があることは第2章で述べました。両者はダイナミックな相互作用を繰り返しながら、その人の行動や感情に影響を与えます。自分の目に映る自分――「視線を合わせるのは信頼の証」――と、相手の目に映る自分――「視線を合わせられると威圧感がある」――とがいちばんすんなり一致するのは、自分と同じような考え方をする人間に囲まれているときです。しかしグローバルチームではそれは望めません。多様な文化的バックグラウンドをもつメンバーが集まっているからです。人間は他人とやりとりする際、「自分は人からこう見られたい」というサインを絶えず送り続けています。例えばチームメンバーからリーダー視されたいと思っている人なら、付き合いの長い同僚から支持を取りつけたり、自分のスキルや経験をたびたび引き合いに出したり、権限はなくてもチームプロセスを仕切ったりするでしょう。しかし文化の違いを必然的に内包するグローバルチームでは、「自分の目に映る自分」と「他人の目に映る自分」とをすり合わせ調和させるのがきわめて難しい場合があります。かといって文化の違いを放置しておくと、それがチームの士気をむしばみ、信頼関係を崩壊させ、確執を生み、あげくの果てにはチーム全体のパフォーマンスを引き下げるおそれがあります。

組織がスローガンや年次イベントを通して「多様性（ダイバーシティ）」の良さをアピールすることによって、文化の違いから生じるトラブルを解消しようとするケースがよくみられます。こうしたジェスチャーも大事ではありますが、それだけではグローバルに分散した、通常は多国籍メンバーから成るチームで日常的に起きる諸問題を解決できません。無神経なコメントや行為を控えるだけでは足りません。メンバー相互間の信頼関係と理解に根ざした、ポジティブで生産的な共通の土台を築く必要があります。しかも日々、コンスタントに築き続けなければなりません。それぞれの文化における「すべきこと」と「してはいけないこと」のリストを暗記するだけではダメです。一つには、そんな方法で理解を築こうと思っても限度があるから。もう一つには、そんなことをすればステレオタイプ化への道まっしぐらだからです。同じ文化の出身者ならみんながみんな同じ価値観をもち、同じ行動をするとは限りません。グローバルチームでは、他のメンバーがどういう世界観をもっているのか、自分の行動は他のメンバーの目にどう映るのかを、深く掘り下げて理解することが大切なのです。

本章では、この掘り下げ作業にどう取り組めばチームリーダーもメンバーも文化の違いを超えて連携できるようになるかをみていきます。まず、グローバルな分散型チームにおいて言語や文化の違いがどのような問題を引き起こすかを理解するために、とある多国籍石油化学企業の新任マネジャー、タリク・カーンが陥った苦境を観察してみましょう。同社の社員構成は多種多様で、社内で18カ国語が使われているほどです。文化の違いが生んだ社の機能不全は、一筋縄ではいかない慢性的な代物でした。次に、社会学でいう「心理的距離」概念の歴史と影響を取り上げます。心理的距離こそは、グローバルチームが直面する諸課題の根源の一つです。次いで、カーンがいったいどんな手を使って揉め事の絶えない、低パフォーマンスのグローバルチームの立て直しに成功したかをみていきましょう。最後に、私自身がグローバルチームのリーダーと共同作業をするときに実践している効果的な行動やアプローチを紹介します。

## 27カ国・18の言語にまたがる機能不全チーム

夜も更けたテク社のドバイ支社で、タリク・カーンは会議テーブルをはさんで社のシニアエグゼクティブ3人と向かい合っていました。彼らはこの16時間というもの、同社のグローバルなセールス・マーケティングチームが嘆かわしいほどまとまりがない理由をめぐって議論を続けていました。石油化学企業であるテク社に勤めるカーンは先日、大規模なグローバル分散型チームのリーダーという重要ポストをオファーされました。チームメンバー全68人の国籍は27カ国、母語の数は18（プラス多数の方言）、年齢幅は22歳から61歳まで。カーンのリーダーとしての将来性と、若くしてこれまでのポストですでに成果を上げていることを見込んでのオファーでした。

しかし、新たな地位はリスクの高い賭けでした。形勢はカーンに不利でした。同チームではわずか2年の間に営業利益率は61％から48％に、純利益は４６００万ドルから３５００万ドルに、市場シェアは27％から22％に転落していたからです。従業員満足度も68％から36％

まで落ち込みました。前任者は面目を失って辞任しました。彼のカーンへのはなむけの言葉は厳しいものでした。「いいかタリク、正直言ってもう手の打ちようもない状況なんだ。おかげで私の社内評価は散々だ。こうなったら辞めるしかない。私が君の立場だったら、引き受ける前によく考えるね」

ドバイでの晩、シニアエグゼクティブらと話し合っている間も、カーンの脳裏には前任者の不吉な言葉がこだまし続けていました。スニル、ラルス、ラマザンという3人のエグゼクティブとの1日がかりの幹部会議の予定を立てたときには、会議に出れば疑問の答えもわかるだろうと期待していました。しかし3人の相矛盾する見解を聞けば聞くほど、疑問は増えるばかりでした。

その日の朝、カーンが会議室に足を踏み入れた瞬間から、3人の間に確執があるのは明らかでした。どの幹部も、チームのパフォーマンスの急降下について一家言もっていました。インド人でレバノン勤務のスニルは、チームの最近の業績が振るわないのは市場のせいだとし、基油《きゆ》価格の上昇が利益率を圧迫していると主張しました。するとスウェーデン人のラルスが猛然と反論し、非難がましい口ぶりで、チームが不調なのはブランディングの失敗で消費者を混乱させたこと、商品の輸送ミスが続いてイランとイエメンの提携会社との関係が悪化したことが理由だと述べました。

スニルの方はまるでラルスの発言が聞こえなかったかのように話題を変え、チームの報酬制度を批判し始めました。そして、可変給が収益や利益率ではなく、販売量と売上額に連動していると指摘しました。だから販売価格が上昇すると、営業担当者は販売量が少なくても売上目標を達成できてしまう。しかしその間も売上原価は増え続け、利益をさらに圧迫すると。

2人の幹部は議論に勝つこととなんとかして同僚に責任転嫁しようとすることに熱中するあまり、自分たちの本来の仕事の何たるかはもちろん、カーンの存在すら忘れてしまったのかと思うほどでした。そこへ、それまで一言も口をきかなかったカザフスタン人のラマザンが口をはさんで、状況低迷の原因について自説を披露しました。ラマザンに言わせれば、チームの業績が冴えないのは目標設定のしかたが不適切なせいだということでした。全世界規模の売上目標をまず個々の地域に割り振り、さらに地域目標を個々の国に割り振った結果、国別チームがわざと仕事の手を抜いて自国のノルマを引き下げ、他国に責任を押しつけようとしているというのです。

幹部同士の何時間にもわたる激しい応酬のあげく、ついにラマザンがキレました。彼はラルスを指さして怒鳴りました。「いいだろう。なぜ私が昨年度の目標を達成できなかったか、教えてやろうか。あいつのせいなんだ！」

ラルスは立ち上がり、「あの注文は納品できたはずだったんだぞ」と怒鳴り返しました。

「例の100キロリットルの発注を覚えてるか？　あれを逃したのは君のせいだ。君のとこの連中が間に合うように送ってこなかったから納品できなかったんじゃないか」。口論はなおも続きました。

チームの亀裂は幹部レベルにとどまらず、平社員にまで及んでいました。シニアエグゼクティブとのマラソン会議の前日、カーンはチームメンバー全68人との初のミーティングに臨み、そこで見聞きした内容にショックを受けました。チームミーティング開始前の会議室内は、さながら各国語が織り成す不協和音でした。部屋の一角では英語、別の一角ではロシア語、また別の一角ではアラビア語。メンバーは母語別の小グループに分かれていました。全員が英語を話すのですが、英語の流暢度の差がグループ間の溝をさらに深めていることにカーンは気づきました。英語のネイティブスピーカーが不明瞭な早口でまくしたてるのに対し、あまり英語がうまくないメンバーは沈黙している時間が長く、発言をちゅうちょしている風でした。言語別の小グループのメンバー同士は宗教的・文化的バックグラウンドも共通していることにもカーンは気がつきました。

カーンは頭痛がしてきました。チームの収益悪化の根本原因は依然として不明でしたが、ひょっとすると室内の深刻な不協和音と関係があるのではという気がしました。チームミーティングに先立ってカーンは、スニルとラルスとラマザンと共に、中東や中央アジアや南アジアに点在するチームのオフィスを駆け足で視察しました。中でも象徴的だったのが、顧客サービス担当者であるファラーとの面談でした。ファラーは、チームの業績が急降下していることに気づいてもいなかったのです。おまけに彼は、いまのポストの存在意義ややりがいが見つからずにいるとカーンに打ち明けました。

視察旅行中にカーンはもう一つ、重大な発見をしました。ウズベキスタンを訪れたときのことです。カーンはラルス、チームメンバー何人か、それにカザフスタン人顧客数人と一緒に夕食に出かけました。新たな契約案を話し合った後でカザフ人顧客たちが、新規契約を祝ってウォッカで乾杯しようと提案しました。現地では契約締結につきものの伝統儀式です。チームメンバーの1人でサウジアラビア人のモハメッドが、宗教上の理由から丁重にお酒を辞退しました。するとラルスが言いました。「いいから飲め」

モハメッドが黙ったままでいると、ラルスは大声でさげすむように言い放ちました。「サウジアラビアはいつになったら21世紀に入るんだろうな？」

テーブルがしんとなり、気まずい沈黙がたちこめました。モハメッドはうつむきました。カーンは、ラルスが出張のとき現地の慣習を笑いものにし、同僚の下手な英語をあざけるという噂を聞いていましたが、いま、ラルスの異文化への配慮のなさを目の当たりにしました。

マネジャーの地位は欲しい。とはいえ、これほど根深く分裂しているチームを果たして立て直せるのか？　カーンには自信がありませんでした。

## 近くにいるのに遠い「よそ者」

文化や言葉の違いを乗り越えられずに苦労する人が多いのはなぜでしょうか。その根本原因の一つを探るべく、1908年にさかのぼってみましょう。同年、ドイツの先進的な社会学者ゲオルク・ジンメルが「よそ者についての補論」というエッセイを発表しました。その中でジンメルは、集団が、その集団の典型的成員に似ている面もあるけれども違う面もある人間に出会うと何が起きるかを問いかけました。違う人間とは旅人、例えば村へやってきた商人です。村人同士の結び付きが強く、全員がお互い一生の付き合いであるような村です。この場合、商人は物理的距離という意味では集団に近いのですが、いわば社会的、心理的距離という意味では遠くにいます。商人はおそらく村人とは服装も違うでしょうし、村人と同じ言葉を話すけれども訛りでよそ者だとすぐわかるでしょう。「よそ者」という架空のアーキタイプ（原型）を核として形成され発展したジンメルの理論からやがては、現代のグローバルな分散型チームの結束強化のヒントになるような知見が生まれました。

ジンメル自身、ある意味ではよそ者であり旅人だったといえます。1858年にベルリンで生まれ、生涯の大半をそこで過ごしたジンメルですが、当時のベルリンの厳密に分類された学問分野には収まりきらない人物でした。ユダヤ人だったので、ドイツ社会ではアウトサイダーとみなされていました。さらに哲学者でもあり科学者でもあり、おまけに芸術にも造詣が深かったのです。ピアノとバイオリンを弾き、芸術家と結婚し、レンブラントについての著作もありました。ベルリン大学での講義は人気があり、学外からも知識人が詰めかけたほどです。それでもジンメルは異色な存在でした。周りも彼をよそ者とみなし、心理的距離をおいていました。

ジンメルの学際的な折衷主義も人気も、ベルリンの学術エスタブリッシュメント層にはさして受けがよくありませんでした。ベルリン大では助教授どまりで、最後まで正教授ポストには就けませんでした。おそらく、ついぞ学界で高く評価されずじまいだったからでしょう。当時、成長著しかった社会学分野では、もっと有利な立場にいた同輩たちに水をあけられました。実際、ジンメルの名が広く世に知られるようになったのは、１９６０年代の社会学者世代によって再発見されてからのことです。彼らは学問分野の壁を超えたジンメルの革新性や、メタファーを散りばめた、詩的とさえいえる文体を高く評価しました。ジンメルのメタファーは、書かれた当時よりむしろ近年の方によく当てはまることも明らかになりました。

ジンメルによれば、近代の都市環境においては物理的近接性と心理的距離が併存することは避けられません。都市住民は日々、自分と違う言語を話す（あるいは、共通語を話すにしても流暢度が違う）、かつ自分とは違う文化規範に従って日常生活を送る人々と共に働き、生活しています。小さな村と違って都会では、通りですれ違う人同士が互いの家族や経歴まで知っていることはほぼありません。

心理的距離という概念は、グローバルチームの機能不全を理解する上でも、また修復する上でも重要です。なぜなら心理的距離はいまや、近代的生活環境の特徴であるにとどまらず、あらゆる「集団」の特徴ともされているからです。心理的距離とは、集団のメンバー間の「感情的、認知的つながり」の度合いをいいます。メンバー間に理解と共感があれば心理的距離は縮まり、避けがたい亀裂が生じても共感的つながりによって修復できます。これに対して、メンバー間に理解や共感がないと心理的距離は遠くなり、亀裂は広がります。グローバルな分散型チームは、心理的距離が遠くなりやすい環境といえます。

## 心理的距離を縮める

もしタリク・カーンのチームがコロケート環境にいたら、毎日、テーブル越しに数えきれないほど顔を突き合わせていたはずです。否応なしにお互いの顔の表情やボディランゲージを目にし、独り言を耳にしていたはずです。どこかの時点で一緒に食事をすることもあったでしょう。廊下ですれ違ったり、お互いの友達関係を把握したりもしたでしょう。一緒に遊びに行ったかもしれません。同僚が電話で家族と話しているのを漏れ聞くこともあったでしょう。そうこうするうちに好むと好まざるとにかかわらず、お互いについて多元的な認識をもつようになり、結果として文化の違いを受け入れていたのではないでしょうか。そうした多層的な理解があれば絆が生まれ、共感が深まり、心理的距離が縮まっていくものです。同じ職場にいるからといって、チームメートを大好きになれるとは限りません。あまり好感をもてないこともあるでしょう。それでも同じ空間や時間を共有していれば、共感的つながりが形成されやすくなります。

グローバルチームとコロケートチームの関係はちょうど、かつての都会生活と小村生活の関係のようなものです。コロナの大流行によって全世界の働き手の大半がリモートワークへ移行したとき、新参リモートワーカー層は、グローバルチームがしばらく前からすでに知っていた事実を思い知らされました。つまり、どんなにデジタルテクノロジーが優秀でも、ビデオ会議の席で1時間やそこらコミュニケーションを取ることは職場で長い時間を共に過ごすのとは質的に違うということです。廊下での自然発生的なおしゃべりや、同僚についての多元的知識が失われるだけではありません。同じ物理的空間で過ごす時間が減るにつれて、心理的距離も遠くなっていきます。

だとすればこれを逆手にとって、心理的距離を縮めることによってチームカルチャーを――反目と分断から、共感と敬意と信頼へと――変えていくことができます。やり方さえ正しければ、グローバルチームの特徴である地理的距離や多様な国籍を活かしてチームの強みと価値観を構築し、分裂したチームを一つにすることができるのです。

## 共通語の功罪

どんなチームであれ、チームが機能するためにはコミュニケーションが必須です。グローバルチームではメンバー全員が同じ言語のネイティブスピーカーということはめったにないため、言葉の違いがもとでコミュニケーションギャップが生じ、結果として心理的距離が拡大しがちです。これは一大テーマです。私はそれだけで本を1冊〔『英語が楽天を変えた』〕書いたこともあるくらいです。しかしここでは、「いかにして言語が生む分裂を最小限にとどめ、言語のもつ結束力を取り戻すか」がグローバルチームにとって最大の課題だとだけ言っておきます。

今日のグローバルチームでは、共通語ことリンガ・フランカは英語です。いまや世界人口の4人に1人以上は曲がりなりにも英語を話しますし、流暢に話せる人も10億人余りいます。英語は文法が柔軟で男性形や女性形がないので、比較的習得しやすい言語とされています。しかしビジネス界で英語が支配的である最大の理由は、長きにわたったイギリスの植民地支配と、米国の超大国たる地位にあります。多国籍企業で働くには普通、英語をある程度流暢に話せることが求められます。しかし現実には、英語を母語としないチームメンバーの流暢さにはばらつきがあります。

グローバルチームのリーダーは、このばらつきから生じるさまざまな課題に対処しなければなりません。英語が社員の結束強化策として社内公用語化されたとしても、リーダーとしては、公用語化はチームをまとめ上げるプロセスの第一歩にすぎないことを心得ておくべきです。これに対して英語を社内公用語とする方針がすでに確立されている場合も、リンガ・フランカには組織内での影響力や支配力の掌握ともからんだ特有の課題がともないます。課題にはネイティブスピーカーが原因で起きるものと、非ネイティブスピーカーが原因で起きるものとがあります。

もっと具体的にいうなら、ミーティングに参加したメンバーが内輪でしか通じない母語別のサブグループに分かれた瞬間、「われわれ（身内）VS彼ら（他人）」的思考が生まれます。第2章で述べたように、それぞれのサブグループがそういう思考で動いたがさいご、チーム内の信頼関係やチームパフォーマンスの低落は避けられません。サブグループ内で英語以外の言語、例えばロシア語やアラビア語やスペイン語で話していたら、自分たちは居心地がよくても結果的には孤立し、他者を排除することになります。これではジンメルのいう村人と同じです。自分たちと違う者はすべて「よそ者」とみなしているわけです。たとえ物理的には同じ会議室にいても、心理的距離は遠くなっていきます。

グローバルチームのリーダーにとって、英語のネイティブスピーカーは非ネイティブとはまた違ったトラブルのもとです。社内共通語がぺらぺらなネイティブは、そのおかげで組織内で肩書以上の地位を占めることがあります。ネイティブは発言回数が多すぎたり、早口すぎたり、発音が不明瞭だったり、イディオムやスラングを乱用したりしがちです。こうした行為は、非ネイティブの苦労への配慮がないというだけの問題ではありません。チーム全体のパフォーマンス低下の原因にすらなります。さらにネイティブは、非ネイティブが黙ったままだったりすすんで発言しようとしなかったりすると、何も意見がないんだろうと誤解することがあります。最後に、ネイティブが英語の流暢さと仕事の実力とを混同し、非ネイティブの職務パフォーマンスを過小評価してしまうという危険もあります。

## カーンのグローバルチームの2年後

テク社のセールス・マーケティングチームのゼネラルマネジャーの座についたカーンは就任早々、言語ダイナミクスがチーム内にもたらした分裂を目の当たりにしました。これに対してカーンが真っ先にとった対策の一つが、英語を社内公用語とするという社の方針を69人のメンバー全員に徹底することでした。多くの多国籍企業と同様にテク社も、多様なバックグラウンドをもつ社員を隔てる言葉の壁というジレンマを、リンガ・フランカの導入によって解決しようとしたのです。しかしどんなによくできた社内言語方針も、インクルージョン［集団の全成員が平等に活動に参画・貢献でき、誰も排除されない仕組み］推進に向けた一連の「コミュニケーションルール」を従業員に周知し、守れるようサポートするリーダーの存在なしには頓挫しかねません。就任して間もなくカーンは、コミュニケーションルールを心覚えとして従業員に配付すると効果があることを発見し、定期的に実行するようになりました。特に新入社員が入ったときや、言語ダイナミクスにほころびが生じかけていると感じたときは配るようにしました。

カーンが早いうちに打ったもう一つの対策は、ラルスをクビにすることでした。容易な決断ではありませんでした。確かにラルスには、異文化への配慮を欠いた行動がみられます。モハメッドがウォッカを飲まないといって馬鹿にしたのを見ればわかります。ラルスは、英語に苦戦する非ネイティブへの理解がないことでも有名でした。ラルスの母語はスウェーデン語ですが、子どもの頃に英語をマスターしています。自分が英語を流暢に話せるんだから他人も同じことができない理由はない、というのが彼の言い分でした。大人になってから外国語を学ぶ方がよほど大変なことを、完全に無視した発言です。しかしラルスは経験豊富なベテラン社員でもあり、彼の率いる部署はたいていの部署より高収益を上げていました。そこでカーンは、ラルスを何とかする方法はないものか、態度を変えるよう警告したらどうかとも考えましたが、結局は断固たる行動に出ようと決めました。

ラルスをクビにしたことは、メンバーに向けた一つのメッセージとなりました。うちのチームではどんな文化的背景をもつ同僚にもきちんと敬意を払ってもらいたい、というメッセージです。カーンは、このメッセージはシンボルとしても重要だし、新たな基準や雰囲気を設定する上でも不可欠だと考えました。しかしカーンは、単なるシンボル的行動だけでは終わらせませんでした。全従業員の年次評価に「同僚や同僚の所属文化を尊重しているかどうか」という項目をつけ加え、マネジャーについては同項目のウェイトを特に多くしました。これは大きな一歩でした。異文化への配慮を評価基準に加えたことで、それが全社的に重要な、従業員が責任をもって守るべき基準であることがはっきりしただけではありません。将来的に新たな「ラルス問題」が浮上した場合に発動できる武器も手に入ったのです。ラルスをクビにし、異文化への配慮を従業員の評価基準に組み込んだことが、非生産的な行いを罰する「鞭」だとすれば、「飴」にあたるのは、多様性はテク社の財産であり競争優位であるという考え方をカーンが推進したことでした。カーン率いるチームは、こんなモットーを採用しました。「多様でいて一体」。

カーンは、もっぱらチームカルチャーを変えることによってこの変革を達成しました。本章末尾の「異文化への相互適応」で述べるような変革を行ったことで、カーン率いる大規模・分散型の多様なチームではこれまでの確執や分断があらかた解消し、相互理解と信頼関係が生まれました。我がチームの多様性はイコール競争力であるという明確なメッセージを発信したことで、カーンはかつてチーム内に蔓延していた「身内VS他人」的カルチャーを撲滅し、「多様でいて一体」のモットーを通じてチームを一つにすることに成功しました。チームの売上は2年間で30％伸び、市場シェアは6％拡大し、純利益は72％増えました。何より驚くべきことには、一度は36％というどん底まで転落した従業員満足度がなんと89％にまで跳ね上がったのです。

カーンのチームに限らずどんなグローバルチームも、持ち前の多様性や知識経験を強みに転じることができます。グローバルチームにおいては、いったんパフォーマンスが下り坂になるとあっという間にそれが常態化する傾向があります。そこを心得ておくことこそ、チームの成功に向けた重要な第一歩です。メンバーが日々、国境を隔てて仕事をしているグローバルチームでは、心理的距離がとめどなく広がっていきがちです。さらに、メンバーが入れ替わったり、チームが移転したり、場合によっては解散してまた再結成したりするにともない、いったん解消した課題やパターンがまた復活することもあります。したがって、チームメンバーの方向性を一致させ、かつ一致した状態を持続するためには、インクルーシブなコミュニケーションと異文化への相互適応の実践が欠かせません。リモート環境では、方向性を一致させるための努力がコロケート環境よりはるかに重要になってきます。

## インクルーシブなミーティングを実現するには

グローバルチームのミーティングでは、英語が流暢な話者は「会話独占率を下げ」る一方で、流暢でない話者は「会話参加率を上げ」、かつメンバー全員、特にリーダーが「インクルージョンを目指して、話す量と聴く量のバランスを取る」ことが大切です。

**流暢な話者は会話独占率を下げよう。** 英語が流暢なメンバーは、メンバー全員が活発に話し合いに参加することが大事だと心して、あまり流暢でないメンバーが話し合いに加われるよう積極的に配慮すべきです。リーダーは、流暢な話者には話のトーンやペースを普段とは変える義務があると伝えましょう。具体的には話すスピードを落とし、全員に理解できる言い回しを使ってもらいます。つまり、みんなで話すときはイディオムや聞き慣れないスラングはなるべく使うなということです。

流暢な話者には、会話を独占しないよう釘を刺しておくべきです。ミーティングのペースや議題によっては、発言回数を自制させるという手もあります。流暢な話者にアクティブリスニングを促すことも大切です。いきなり話に割り込んで自分の意見を言うのではなく、まずは同僚の発言を違う表現で言い換えて、ポイントをはっきりさせたり強調したりしてもらうのです。流暢な話者が「君の言いたいのはつまりこういうことかな？」のような発言をしていれば、そのミーティングのダイナミクスは健全だといえます。さっき出たばかりの発言を、流暢でない同僚が理解できたかどうか確認することも、インクルーシブな環境づくりにとって大切です。特に、流暢な話者が複雑な話や長い発言をした後は、「いま言ったこと、わかりましたか？」などと言って確認すべきです。こうしたコミュニケーションを心がけることで、英語力に限りのあるメンバーも自信をもって話し合いに参加できる環境が生まれます。

**流暢でない話者は会話参加率を上げよう。**一方、非ネイティブスピーカーは、あまり英語がうまくなくても積極的に会話に参加することによって話し合いの責任を共有すべきです。英語での会話に居心地の悪さをおぼえるメンバーがいれば、リーダーはその気持ちに共感し、必要とあらば英語学習をサポートすべきです。同時に、たとえ居心地が悪くてももっとたびたび発言するよう、メンバーを督励することも大切です。流暢な話者と同様、非ネイティブにも自分の発言回数をカウントさせると効果があります。ただしこの場合は、発言回数の増加が目標です。先ほどと同じでミーティングのペースによっては、一定時間内に一定回数以上の発言をすることを目標にするのもよいでしょう。流暢な話者と同様、流暢でない話者も、自分の発言が正確に伝わったかどうか確認する習慣をつけるべきです。リーダーが率先して、「いま言ったこと、わかりましたか?」と聞くといいでしょう。そして正直に答えてもらい、答えに応じて対応するようにします。そうしていれば非ネイティブも気が楽になってきて、ペースの速い会話についていけなくなったら、要点を繰り返してほしいとか別の言い方をしてくれないかと同僚に頼めるようになります。頼める雰囲気がないと、相手の発言を完全には理解できていないのにうなずいて同意してしまったりします。話についていけないと認めるのが気まずいとか恥ずかしいからです。

流暢でない話者は、たとえ母語で話したいという衝動に駆られても、母語を理解しないメンバーが近くにいるときはぐっとこらえるべきです。職場の共通語と自分の母語とを切り替えることを「コードスイッチング」といいます。チームの公用語以外の、一部メンバーにしか通じない言語に切り替えると、他のメンバーを疎外しチーム内の心理的距離を広げる結果になります。そうはいってもたいていのチームでは時折りコードスイッチングが起きてしまうものですが、うっかりチームメートが理解できない言葉で話してしまったと気づいたメンバーはすぐに謝り、全員のためにさっきの会話を通訳すべきです。

一つには練習、一つにはリーダーからの促し、そして一つには、会話の際は全員が明文化されたコミュニケーションルールを守るのがチームのためだとわきまえておくこと。それによってチームの雰囲気が変わってきます。

**インクルージョン目指して全員が話す量・聴く量のバランスを取ろう。**フォーマルなミーティングでもインフォーマルな会話でも、バランスが大切です。そしてバランスを取る責任はメンバー全員にあります。何のバランスかというと、各人の話す量と話を聴く量の適切な比率のことです。バランスを調整するためには各人がある程度、自分の行動を自覚する必要があります。しかし長期的には、話してばかりで人の話を聴かない人、またはその逆の人はいないかへの目配りをチーム規範として形成していくのが目標です。英語が流暢でない話者にはリーダーが直接声かけをして、意見や提案や見通しを引き出すべきです。ミーティングの席で片や会話を独占しすぎるメンバー、片やなかなか意見を言おうとしないメンバーがい

表1:コミュニケーションルール

| 会話独占率を下げる | 会話参加率を上げる | インクルージョンを目指して話す量・聴く量のバランスを取る |
|---|---|---|
| ✓話すスピードを落とし、聞き慣れた言い回しを使う(イディオムをなるべく使わないなど)<br>✓会話を独占しない<br>✓「いま言ったこと、わかりましたか?」と聞く<br>✓アクティブリスニングを実践する | ✓発言をためらう気持ちを克服する<br>✓母語に切り替えない<br>✓「いま言ったこと、わかりましたか?」と聞く<br>✓相手の発言を理解できなかったら、もう一度言ってください、説明してくださいなどと頼む | ✓参加者を観察し、各人の話す量・聴く量のバランスを取るようにする<br>✓積極的に働きかけて全員から意見を引き出す<br>✓特に、流暢でない話者から意見を引き出す<br>✓必要とあらば発言内容を明確化したり言い直したりする |

るときは、「君はどう思う?」とか「あなたの意見も聞かせてください」といった簡単な一言をはさんで、積極参加を促したりさりげなく介入したりすると効果的です。そうすることでグループダイナミクスが変わっていきます。

バランスのとれたインクルージョンと有効なチームコミュニケーションを目指すことが大事なのは、なにも多言語チームに限りません。調査によれば、たとえ全員が同じ言葉を話すグループでも、全員の話す時間と聴く時間をだいたい平等にすることが大切だといいます。真のコラボレーションには「平等な参加」が必要なのです。それがあってこそメンバーは、目の前のプロジェクトや案件に意欲的に取り組むようになります。そのためには、積極的に発言してほしいこと、グローバルワークの性質上全員の参加が求められることを、リーダーからメンバーに念押しすることが大切です。

## 異文化への相互適応

複数文化にまたがるグローバルチームといえば思い出す、古い格言があります。「人に魚を1匹与えれば1日養える。だが魚の釣り方を教えれば一生養える」というのです。グローバルチームのメンバーは必然的に、異文化に対応するスキルや配慮を必要とする数々のやりとり――大なり小なり――に遭遇します。多様なメンバーの寄せ集めを結束して一つのチームにするためには、文化や国籍を異にするメンバー相互間の継続的な理解・適応プロセスが必要です。そのために私が考案したのが、「相互適応モデル」です。

このモデルは、「学び合いサイクル」と「教え合いサイクル」という二つのインタラクティブなサイクルから構成されます。どちらのサイクルにも、メンバーがチームメートとのコミュニケーションのあり方を見直し、新たなつながり方を見出すのを促す効果があります。両サイクルを実践するにあたっては、特にきまった順序はありません。グローバルチームのリーダーもメンバーも、各種の実体験の中で教え合いと学び合いの両方を実行していくのがよいでしょう。また、どちらも1回やればそれで終わりというものではありません。むしろ、忘れないためには定期的に実践した方がいいでしょう。こうした新たな姿勢や行動が積み上がり、やがては規範化していくのが理想です。

## 学び合いサイクル

学び合いサイクルは、「吸収」と「質問」という2種類の行動から構成されます。

**吸収。**人間は、人の行動を積極的に見たり聞いたりすることによって学習します。子どもが成長過程で文化的ノウハウを身につけるときと同じです。大人が自分のコンフォートゾーン〔慣れ親しんだ領域〕から踏み出して新たな環境に入る際にも同様に、見る、聞く、そして「取り込む」つまり吸収が必要になります。新たな環境の暗黙のルールを吸収し自分のものにするためには、あえて比較をやめ、判断を控えることが大切です。「吸収」段階での目標は、特定の職場やチームや状況についての情報を集めることです。はじめから自分目線で判断・評価してはいけません。素直な気持ちで向き合うことが、自分とは違う視点や慣習を理解するコツです。

**質問。**未知の文化的コンテクストを学ぶためには、質問をするのも大事です。誰かが質問し、別の誰かが答えるという自然なギブアンドテイクから相互性が生まれます。チームメンバーにとってはこのギブアンドテイクそのものが、リスクの低い安心できる環境で新たなコンテクストを把握し、それに適応する機会となります。しかし、質問するだけでいつも明確な、あるいは100％正確な全体像を把握できるとは限りません。質問はむしろ、吸収段階の一環である情報や観察を補完する役目を果たします。

「吸収」と「質問」は相補関係にあります。吸収すれば手持ちの情報と経験が増え、新たな質問が頭に浮かんできます。そして質問すれば、観察した行動への理解が深まります。学び合いサイクルは意識的な活動です。リーダー自身、学び合いの中で必然的にみずからの文化的、国民的アイデンティティと向き合うことになります。

## 教え合いサイクル

教え合いサイクルの主たる要素は「指導」と「ファシリテーション〔中立的立場でミーティングなどのグループ活動の進行をサポートすること〕」です。教え合いでは、グローバルチームのメンバー全員が教師役と生徒役の両方を演じる必要があります。教育心理学には、グループ成員間の相互依存関係に注目し、ピア（仲間）がコーチ役やインフォーマルな教師役を務めることを重視する考え方があります。この観点からすれば、教え合いはまさに理想的なチームプロセスといえるでしょう。教え合いサイクルを実践すれば、どんなに多様なメンバー間にも受容のカルチャーをはぐくむことができ、全員がチームメートについても、また自分自身についても多元的な視点をもてるようになります。このコラボレーションプロセスを経てメンバーは、個々のチームメートの独自の物の見方に対する理解と認識を深めます。コラボレーション体験がグローバルチームの共通の土台となるにつれて、心理的距離から生じた壁も低くなります。

**指導。**具体的にはチーム内でのコーチング、教育、メンタリングといった活動や、チームメートに未知の視点を理解させるために与えるインフォーマルな助言や支援をいいます。特にメンタリングには、2人かそれ以上の特定メンバー間の絆づくり効果があります。チームに元からいたメンバーが新たに入ってきたメンバーのメンターとなるのが普通です。

**ファシリテーション。**ファシリテーションも教え合いの一種です。ファシリテーターはメンバー間の仲介役や文化的意味づけの通訳を務めます。ファシリテーターは複数の文化に通じている場合が多く、結果として、まったく違うバックグラウンドをもつメンバーの間に入って仲立ちしたり通訳したりという役目を果たします。

教え合い全般について頭に置いておくべきポイントは、それが相互的だということです。

異なるバックグラウンドをもつメンバーたちが互いに助け合い、学び合い、やがては理解し合う過程で、最初はばらばらな個人の寄せ集めだったものがチームとして結束していきます。グローバルチームでは、メンバー全員が少なくとも指導やファシリテーションのやり方ぐらいは知っておく必要があります。そうすれば共に学び合い、さまざまな視点を理解し合うことができます。するとチーム内の心理的距離が縮まり、共感もパフォーマンスも向上していきます。

多様な文化や国籍にまたがるメンバーから成るグローバルな分散型チームで、勤務時間中に折に触れて学び合い・教え合いサイクルを実践し続けていれば、やがてはそれが習慣化していきます。行動が変わるにつれて、チームメート間の共感がはぐくまれます。メンバーは学び合いを通じて、例えばスポーツや料理といった共通の趣味を発見します。そして教え合いを通じて次第に親しくなり共感を深め、ジンメルのいう「よそ者」ではなくなっていきます。

相互適応モデルは、「自分の目に映る自分」と「他人の目に映る自分」とをすり合わせ調和させるための一つの方法です。グローバルチームがこの方法を実践すれば、心理的距離の縮小と共感の構築という、ぜひとも必要なプロセスを進めることができます。そうなれば文字通り人生が変わります。メンバー一人一人が、自分や自分の所属文化のことを他のメンバーに上手に説明できるようになり、自分と他のメンバーとの違いを具体的に描写できるようになります。するとチームメートへの愛着が深まっていきます。互いに違うからこそ、そして違うにもかかわらずです。

グローバルチームでもある程度は対面のミーティングややりとりは発生するでしょうが、チームの本質上、大半の時間はバーチャル環境で仕事をすることになります。グローバルチームのメンバーはリモートワークのやり方だけでなく、文化や言語その他の違いを乗り切るすべも学ばなくてはなりません。そういう意味では、同じ文化や言語を共有するリモートチームよりもさらに困難な課題に直面することになります。しかし第7章でみるように、チームの分裂の引き金となる違いは文化や言語だけではありません。たとえ全員が同じ言葉を話し、似たような文化的バックグラウンドをもっていても、年齢や性別や経歴や、受けた訓練が違うことはあるでしょう。外交的で会話を独占しがちなメンバーもいれば、内気で目立たず、なかなか発言しようとしないメンバーもいるでしょう。してみれば学び合いや教え合いは、決してグローバルチームに限った話ではありません。どんなチームも、これまで紹介してきたベストプラクティスや必要な行動を実践することで共に学び合い、互いの違いを活かして成果につなげられるはずです。

# 多様性を成果につなげる

●**会話独占率を下げよう。**共通語（リンガ・フランカ）を流暢に話せるメンバーは、話すスピードを落とし、全員が会話についてこられるよう配慮しましょう。流暢でないメンバーに発言を促し、彼らが話の内容を理解できているかを確かめましょう。

●**会話参加率を上げよう。**共通語がそれほど流暢でないメンバーの場合、発言したくても不安があるのはよくわかりますが、それでも積極的に会話に参加しようと努力すべきです。聞き取れない発言があったら、もう一度言ってほしいと頼みましょう。必要とあらば自分の発言回数を記録しておき、ノルマ達成を目指しましょう。

●**全員が理解できる言葉で話そう。**一部メンバーだけに通じる母語があっても、チームの共有バーチャルスペースにいる間は共通語から母語へのコードスイッチングは避けましょう。うっかりやってしまったら、配慮が足りなかったかもと認めて謝り、全員に通じる言葉でさっきの発言内容を繰り返しましょう。

●**話す量と聴く量のバランスを取ろう。**自分が話すだけでなく、人の話も聴きましょう。ビデオ会議でも、メールのやりとりでも、グループチャットでもです。メンバーの誰かが発言をためらっているのに気づいたら、背中を押してあげましょう。

●**観察し、質問しよう。**自分のコンフォートゾーンから踏み出してバーチャルな同僚の行動を見聞きし、素直に受け止めて吸収しましょう。観察したことについて同僚に質問してみましょう。

●**指導し、ファシリテーションしよう。**機会を逃さず、他のメンバーに積極的にアドバイスや意見やガイダンスを提供しましょう。自分がアドバイスや意見をもらう機会もつくりましょう。

●**共感しよう。**学び合い・教え合いサイクルを通してチームメートへの親近感を深めましょう。

●**ポジティブな違いを活かそう。**メンバーの多様なバックグラウンドのうち、チームの分裂の引き金になりそうな違いからは目を背け、チームとしての（多彩な魅力の強化はいうまでもなく）実力強化につながるような多様性に注目しましょう。

第7章

# リモートチームのリーダーが知っておくべきこと

# What Do I Really Need to Know About Leading Virtually?

強固な意志と決断力を備えたリーダーのことを、「ラージャー・ザン・ライフ［実物大より大きいという意味が転じて、非凡・偉大な人物のこと］」と形容することがあります。その人が放つ圧倒的な存在感、言い換えれば周りに強烈な印象を与えて注目を集め、敬意をかち取る求心力に着目した言い回しです。リーダーの存在感がひときわ目立つのが、会議室でミーティングを行うときや、1対1で部下を指導するときや、オフィスビルの周囲を部下と散策し、くだけた雰囲気で語り合いつつ部下の現状を確認するときです。

しかし、これがコンピュータの画面越しならどうでしょう。ラージャー・ザン・ライフな存在感を発揮する方法はあるのでしょうか？　私は光栄にも長年にわたり、世界各地の何百人ものバーチャルリーダーと仕事をする機会に恵まれてきました。そんなリーダーたちにいちばん共通する悩みとはおそらく、リアルな世界で部下と面と向かってリーダーシップを発揮する際に頼りにしていた各種のツール（手段）なしでどうリーダーシップをとればいいのか、ということでしょう。室内全体を視野に収められなければ、ミーティングの席でやる気満々なのは誰で、スマートフォンをいじくっているのは誰かを識別することもできません。アイコンタクトやボディランゲージがなければ、第六感を働かせて場の空気を読むこともできません。ミーティングの始まる前や終わった後に、さりげなく会議室内を回遊して参加者と触れ合う機会もありません。リーダーの存在感は文字通りコンピュータ画面のサイズにまで縮まってしまいます。リアルな世界にあふれるさまざまな光景や音声を、いまやデジタルメディアという狭いチャンネル1本を通してマネジメントしていくしかないのです。

バーチャルワールドならではの障壁をみていく前にまず、リーダー本来の役割について考えてみましょう。リーダーシップというのは驚くほど複雑なタスクです。リーダーは目標を設定し、チームの士気を鼓舞し、日々の業務を監督し、社内外のトラブルを回避し、かつ結果を出さねばなりません。毎日、毎週、メンバー全員の足並みを揃え、メンバー間やグループ間の関係を構築・維持し、チームの結束を固め、必要とあらばいつでもチームを動員しなければなりません。さらに、それぞれの業界や企業や関係者に特有の数々のタスクまで加えたら、リーダーの役割はますます複雑なものになります。

バーチャル体制の導入はリーダーにとって、「ラクダの背骨を折るとどめの藁1本［英語のことわざで、耐えられる限度を超えるきっかけとなる出来事］」になりかねません。私は研究者になって以来、いくつものバーチャルチームが崩壊するさまをこの目で見てきました。企業が分散型チームを結成するときは普通、何らかの特定の目的——目玉製品の開発、戦略の尖鋭化など——があって、それに向けて巨額の資金を投じ、経験豊富な社員を集めてチームをつくります。ところが程なく問題が出てきます。チームダイナミクスがぎくしゃくしてくるとか、メンバー間の反目が深まるとか、メンバーがリーダーの言うことに耳を貸さなくなるとか。

そうなると結局、チームは期待どおりの成果を出せません。するとチームリーダーから末端に至るまでの関係者全員に影響が及びます。チームが機能不全に陥れば顧客企業の業務も滞るし、メンバーの昇進もボーナスも、あげくは職さえ危うくなります。有望と目されたグローバルチームが結局は目標を達成できなかったら、会社はグローバル規模で顧客と資金を失います。それが現実です。

しかし私の経験によれば、チームが本来進むはずだった軌道から脱線したどのケースをみても、なぜそんな事態になったかについて何らかの持論をもつマネジャーが必ず1人はいます。1人ならず複数のマネジャーが、それぞれ異なる持論や理由づけをもっている場合もあります。メンバーの誰が高圧的だったから、あるいは消極的だったから。命じられた業務が漠然としすぎていたから、あるいは縛りがきつすぎたから。ミーティングの回数が多すぎたから、あるいは少なすぎたから等々。

私はときどき、こういう雑多な説をじっくり分析して、個々の〝不良箇所〟に対するオーダーメイドの解決策を提示してほしいと頼まれることがあります。しかし人事や業務やプロセスの細かいところをいくらいじっても、一企業全体やビジネス界全体での脱線率を減らすことはできません。よくよく観察してみると、これらの問題はどれもリーダーシップに行き着きます。してみれば、解決策もそこで見つかるはずです。

## リモートチームのリーダーシップとは

私はハーバード・ビジネス・スクールの「リーダーシップ・組織行動学コース（愛称LEAD）」の長年の教員でありコース長として、考えられるあらゆる視点からリーダーシップというテーマに取り組んできました。研究にあたっては学者の視点のみならず実務家の視点からも、つまり教師の視点のみならず将来のリーダーである学生の視点からも、「何が・いつ・どうやって」に加えて「なぜ」を探り続けてきました。このような多元的アプローチを通じて、あらゆるレベルのリーダーシップの諸側面――部下との1対1の関係を通じたマネジメントから、共通のビジョンに向けたチームメンバー全員の方向性一致に至るまで――についての理解を深めました。チーム全体のパフォーマンスを上げるためには、各レベルのリーダーがリーダーシップを発揮する必要があります。しかしこれは難事業です。リモート環境におけるリーダーシップについては、同僚のフランセス・フレイ［ハーバード・ビジネス・スクール教授］とアン・モリス［経営コンサルティング会社コンシア・リーダーシップ・インスティテュートのマネジングディレクター］が提唱している定義を採用したいと思います。「リーダーシップとはリーダーの存在によって部下をエンパワーする［本人の持てる能力や自信を最大限に引き出す］ことであり、部下が目の前にいないときもリーダーの影響力を持続させることである」という定義です。リーダーは、部下が自分の実力を自覚し発揮できるようなチーム環境を構築すべきです。

フランセスとアンが前述のリーダーシップの定義を考案したのは、2000年代初めのことです。当時2人は、全社的な変革構想に乗り出した企業各社——世界有数の成功企業も含みます——を対象にした調査を始めました。そして、成功するリーダーに共通してみられる、あるパターンに目を留めました。人一倍成功したエグゼクティブにとって、成功は実は「自分」の問題ではありません。「自分以外の人」が成功できる環境づくりをすることが、彼らにとっての成功なのです。チームが成果を上げられるような条件を整えるのがリーダーの役目だ、という考え方です。したがって成功するリーダーは、結果を出してくれそうな優秀な人材を雇って事足れりとはしません。部下に部下自身の目標を達成してもらうためにリーダーとしてどうサポートすればいいか、を考えます。

フランセスとアンはさらに、優れたリーダーは最前線でチームメンバーと肩を並べて戦っているときに重要な先導役を果たすだけでなく、自分がその場にいないときも、あげくはチームから転出後もなおチームにコミットし続けていることを発見しました。バーチャルリーダーシップにとっては嬉しい発見です。バーチャル環境ではリーダーシップの大半を、部下と物理的に同じ職場にいないという制約のもとで発揮するしかないからです。

私の経験によれば、物理的に一緒にいないことでもっともダメージを受けるのが、リーダーの現状認識です。バーチャル環境ではメンバー間の反目が、コロケートチームのマネジメント経験が豊富な、誰からも慕われているリーダーの目すらかいくぐってチーム内にひそかに蔓延する危険があります。全員が同じ職場にいれば、リーダーは特に意識しなくても勤務時間中ずっとチームメートの動静をチェックできます。何か問題が起こりかけていればすぐにわかります。しかしチームメートの仕事ぶりを見聞きする機会がないと、髪の毛一筋ほどの亀裂がじわじわと広がっていき、気づいたときにはすでに遅くチーム全体が崩壊するという事態にもなりかねません。したがってバーチャルリーダーは、何か問題が生じたら、対処策を決定する前にまずは「自分が把握できていない事情はないか」を探る必要があります。

本章では、リーダーが直面することの多い六つの課題を取り上げ、それぞれの課題がバーチャル環境でどのようにして発生するかを説明し、課題克服に向けた実証済みの方法を紹介します。

1　勤務地

2　上下関係

3　身内VS他人

4　見通し
5　パフォーマンス評価
6　メンバーへの働きかけ

以上の課題はどんなチームにも発生しうるものですが、リモート環境ではその影響が特にシビアに現れます。同じような状況であってもコロケート環境なら、リーダーが後手後手に対応しても無事乗り切れるかもしれません。しかしバーチャル環境ではリーダーは先手先手を心がけ、危機の最初の兆候を見逃さないよう目を光らせておくべきです。何の手も打たずに放置していたら、これらの課題はやがて大きな亀裂へと広がり、リモートチームを分断してしまうでしょう。

## 「1 勤務地」という課題

コロナ・パンデミック勃発直後の一斉リモート化には、誰もが自宅という同じロケーションにいるという特徴がありました。ホームオフィス環境やテクノロジーへのアクセスのしやすさ、子どもの世話の有無といった個人差はあれど、リーダーや同僚と物理的に同じ職場にいないという意味では全員がほぼ似たような境遇にいました。

しかし従来のあり方をみても、また予想される将来像を考えても、実はハイブリッド（混合）構造の方が一般的です。つまり、勤務時間の大部分をリモート勤務するメンバーがいる一方で、少なくともある程度の時間は同僚と同じ職場で過ごすメンバーもいるという状態です。こうした物理的環境の違いが、複雑なチームダイナミクスを生みます。調査によればチームメンバーの体験や感じ方は、個々人の勤務地つまり、物理的配置によって大きく変わってきます。

「配置（コンフィギュレーション）」とは、単にメンバーが物理的にどこにいるかということだけではありません。分散型チームのメンバーが何カ所に分散しているのか、各勤務地にいるメンバー数、勤務地ごとの人数比率なども含みます。チームによってはメンバーが国境を越えて分散していることもあり、そうなるとチームダイナミクスがいっそう複雑になります。この場合、チームはタイムゾーンや、国境や、それぞれの支社のカルチャーなどの壁も乗り越えねばなりません。

チームがこうした境界線をうまく乗り越えられないと、チーム内にサブグループが生まれます。サブグループや派閥は得てして、何らかの特定の利害関係を軸にして形成されます。分散型チームの場合は、勤務地別のサブグループが形成されるケースが多いです。チーム配置の研究の結果、パフォーマンス促進効果のある配置パターンが四つ見つかりました。全員が同じ職場にいるチーム、2地点に同人数のサブグループを配置した「均衡チーム」、複数地点に人数の違うサブグループを配置した「不均衡チーム」、そして四つ目が、他のメンバーから離れた地点で単独勤務するリモートワーカー、別名「地理的孤立者」を擁するチームです。意外に思われるかもしれませんが、本社に近い勤務地やチームリーダーと同じ職場にいるメンバーの方が、それ以外の勤務地にいるメンバーのニーズや貢献を無視する傾向が強いこともわかりました。

チーム配置の影響を分析した結果、不均衡チームでは、多数派サブグループ所属のメンバーよりも少数派サブグループのメンバーの方がチームとの一体感が低く、他のメンバーの専門知識への認識も低いことがわかりました。また、地理的孤立者——在宅ワーカーや、オフィスに自分1人しかいないメンバー——を抱えるチームでは、ひときわ強い疎外感が生じやすいことも明らかになりました。

## 「2上下関係」という課題

一般に、数が多い方が強いという考えがあります。そして多数派は得てして少数派に対して反感を抱きます。多数派である自分たちは公平な割合以上に貢献しているという、(しばしば誤った)思い込みからです。一方、単独勤務者は多数派に脅威を感じ、自分のなけなしの影響力や発言権を多数派が侵害しようとしているのではないかという、(これまたしばしば誤った)不安を抱くことがあります。不安にれっきとした根拠がある場合もあります。しかしたとえ根拠がなくても、バーチャルリーダーは絶えずそうした不安に気を配るべきです。リーダーには、チーム内のサブグループ間の「平等」を推進する責任があるからです。

とはいえ、リーダーはメンバーのこのような不安をつい見逃しがちです。メンバーが内心の不安を口に出すとは限らないからです。しかしメンバーが不安を公言しようとしまいと、あるいは不安に根拠があろうとなかろうと、不安が行き着くところは結局一つです。すなわち一部メンバーだけの内輪のやりとりが増え、疎外されるメンバーが出ます。こうした行為はパフォーマンスの足を引っぱり、必然的にチームの脱線を招きます。

チームダイナミクスにひそむもう一つの現実が「地位」、つまり特権意識や影響力です。地位はチーム内のサブグループ構造やサブグループ間の不均衡によって決まります。メンバーが勝手にこうだと思い込んでいる「想像上の地位」も、現実の特権や影響力に劣らずチームパフォーマンスに悪影響を及ぼしうることを忘れないでください。ある自動車メーカーの三つのグローバルチームを対象にした調査の結果、メキシコの技術者グループが、自分たちはインドグループや米国グループよりも「地位が低い」と感じていることがわかりました。メキシコグループでは、仲間と密に協力したり同僚に助けを求めたりするのが普通です。これに対して他国では独力による問題解決だけが高く評価されるはず、と（誤って）思い込んだメキシコ人技術者たちは、自グループの協力的な作業パターンは他国からは欠点とみなされるのではと危惧しました。そこで彼らは「地位が高い」他グループに、自グループの職務慣行について嘘を教えました。結果としてグループ間の対立が悪化し、コラボレーションが低下しました。同じ調査の結果、自分たちは他グループよりも「地位が高い」と思っている技術者グループの方が、率直なコミュニケーションを取ったり、同僚に助けを求めたり、知識をシェアしたりする傾向が高いことがわかりました。こうした認識のゆがみがもたらす悪影響――パフォーマンス低下、チームの脱線など――への対策としては、リーダーがサブグループの境界線にこだわらず、常にメンバー個々人の得意分野を認め評価するのがよいでしょう。サブグループ間の想像上・現実の上下関係をあえて無視するのもよい方法です。

## 「3 身内VS他人」という課題

噴火間近の火山の地下で亀裂が形成されるのと同じで、分散型とコロケートとを問わず、あらゆる社会集団には「断層（フォールトライン）」がつきものです。研究者によれば断層とは、一つの集団内に存在する、目に見えない仮想上の境界線をいいます。集団は断層に沿って、「身内VS他人」的考え方に立つ複数のサブグループに分かれます。断層は職能、専門知識、態度、性格類型、性別、年齢、人種、国籍、言語などの違いに沿って発生し、サブグループを形成します。1人のメンバーが複数のサブグループ属性をもっていることもあります。例えば、同じ人が年齢や性別や人種といった目に見える共通属性をもつサブグループの一員であると同時に、全集団中に2、3人しかいないソフトウェア技術者グループの一員でもあるという具合です。こうした分裂は自然な、必然的なものです。断層のまったくない集団は存在しません。してみればリーダーにとって最大の問題は、どうすれば複数のサブグループを生産的にマネジメントできるか、そしてサブグループ間の違いが「身内VS他人」的ダイナミクスへと進化し、みるみるうちにチームの結束を崩してしまうのをどう防ぐかということです。

分散型チームやバーチャル環境では、断層の発生原因に「地理」というファクターが加わります。勤務地の異なるチーム同士を区別するために「身内VS他人」的表現を使うのは容易だし、自然でさえあります。「メキシコチーム」と「米国チーム」という風にです。あるサブグループのメンバー間の共通性が多ければ多いほど――全員が中年女性で、同じ業界でのマーケティング経験があるとか――、「身内VS他人」的考え方は生まれやすくなります。問題は、地理その他の要因から発生した断層がどの時点で、他のサブグループとの距離拡大につながるかということです。サブグループ間のもともとの違いを放置しておくと、やがてはサブグループ間の対立が激化し、グループ間の調整問題の解決が困難になります。するとコラボレーションや生産的連携にも支障が出てきます。

亀裂が広がるにつれて、断層がきっかけでトラブルが起きることがあります。何年か前にある研究者グループが、フォーチュン500社に名を連ねるある企業のデータをもとに、断層とチームパフォーマンスとの相関関係の有無を調査しました。メンバー500人余りから成るチームを何十チームか選んで、チームの記録を分析しました。いずれも複雑な、非ルーティーンな、可変性の大きいタスク、いうなれば大企業の典型的な知的労働に従事するチームです。性別や年齢といった社会的属性のほか、学歴や勤続年数といった情報的属性も視野に入れ、断層の二つの特徴に着目しました。一つは断層の「強さ」、つまりあるサブグループがチームの他のメンバーからどの程度はっきり分断されているかということ。もう一つは断層の「距離」、つまりギャップの広さです。断層の「強さ」を理解するために、メンバー4人から成るチームを思い浮かべてみましょう。若い男性が2人、年配の女性が2人です。この場合は年齢別サブグループと性別サブグループとが完全に一致しますから、チームを年齢・性別属性に沿ってすっぱり分ける方法は一つしか考えられないでしょう。そして年齢差が大きければ、例えば若い男性2人が20代で年配女性2人が60代だったら、断層の「距離」も広いといえます。

同じ調査ではさらに、チームの目標達成力を明らかにすべく、パフォーマンスに応じて各グループに支給された各種ボーナスを調査しました。加えて（部下によるものも含めた）パフォーマンス評価の内容も調べ、定量的手法を用いて、よく登場するキーワードやフレーズを分析しました。これらの指標からは、「社会的属性の違いに沿った断層が強ければ強いほど、チームパフォーマンスは低下する」という相関関係がみられました。断層の距離が広いと、相関はいっそう顕著になります。第6章で紹介したテク社のタリク・カーンのチームでは、メンバー間に在籍国に沿った強い断層があり、かつサブグループ間に距離がありました。大事な時期にチームパフォーマンスが急降下したのも不思議はありません。

私は同僚2人と共に、複数のソフトウェア開発チームの断層について詳しい調査を行ったことがあります。対象としたのは、ドイツに本社を置くとあるソフトウェア企業のグローバルチームです。メンバー96人にインタビューし、その行動を観察しました。複数勤務地に分散したチームのサブグループダイナミクスがテーマだったことから、複数地点で同時に観察を進めました。この方法をとったことで、メンバー間の交流やチームダイナミクスをリアルタイムで記録でき、2地点に分かれたメンバーがチーム内のやりとりをどう感じたかについて豊富なデータが得られました。複数勤務地にまたがるミーティングやローカルミーティングを体験してのメンバーの感想や、物事の受け止め方が勤務地によって同じだったり違ったりする様子も観察できました。個々のメンバーが同じ職場や離れた職場の同僚とコミュニケーションを取るときのやりとりや態度、応答ぶりにも注目しました。私たち自身がミーティングに出席したり、電話会議を傍聴したり、メンバーとランチを共にしたり、アフターファイブの社交的集まりに顔を出したりもしました。

それでわかったのは、チーム全体ではありませんが一部で、英語力や国籍に沿った断層が強い分裂をもたらし、「身内VS他人」的考え方を生んでいるということでした。では、どんなチームがもっとも分裂しやすいのでしょうか？　私たちが編集したデータからみると、分裂へ向かうサブグループダイナミクスが起きるチームでは、権力争いも同時に起きていることが明らかになりました。いうなれば、眠っていた断層が権力争いによって活性化するのです。強いネガティブ感情が存在すると、複数の勤務地全体に緊張が広がり、それが引き金となって自己強化サイクルが生まれて、「身内VS他人」ダイナミクスがますます激化します。調査対象とした各ソフトウェア開発チームでは、チーム内でこうしたネガティブなフィードバック・ループが渦巻くにつれてメンバー間の反目が強まりました。その結果、メンバーは遠く離れた同僚に情報を出し惜しむようになり、チームパフォーマンスは低下しました。チーム解散という最悪のシナリオが現実となったケースさえありました。

私たちの調査における最大の発見はおそらく、断層の活性化やチームの機能不全につながる諸問題の存在にチームリーダーが気づいていない場合が多かったことでしょう。何かおかしいなとは感じていても、なぜ、具体的に何が起きているのかまでは認識できていないリーダーが少なからずいました。

問題は、断層はやがて堅牢な境界線へと成長する場合が多いということです。するとサブグループが互いに競い合うようになります。そしてお互いをステレオタイプ化し、自分たちの方が他のサブグループより上だと思うようになります。テク社でいえば、特定のチームメンバーに対する二級市民扱いや、サウジアラビア人同僚についてのラルスの人種差別的な中傷発言がその典型です。こういう行動は内集団と外集団［第2章を参照］を生み出します。あげくは、とても同じチーム仲間とは思えないような言動がみられるようになります。

とはいえ、断層も悪いことばかりではありません。一定の条件下では、かつ調査対象企業に限っては、学歴や勤続年数に沿った断層はチームパフォーマンスに特に悪影響を及ぼさなかったという調査結果もあります。それどころか、チーム内分裂が有効な意思決定に資するケースすらありました。断層を抱えたチームが成功する例は決して珍しくありません。複数のサブグループからもたらされた多様な視点や専門知識が、チームのエネルギー源となった結果です。問題は、こうした成功が「○○グループなんか大嫌いだ」という負のエネルギーに姿を変え、それが偏狭な島国根性につながってしまうことです。したがってここでのリーダーにとっての課題とは、「以上のチームダイナミクスを意識しつつ、分散型チームのメンバー間に横たわる亀裂の修復に向けたシンプルな全体戦略を見出せるかどうか」です。優れたリーダーのいるチームは、概して修復力が高いものです。メンバー一人一人の多様な専門知識や個性や豊かなバックグラウンドからチームが強みを引き出せるよう支援するのが、リーダーの役目です。

チームが断層から立ち直るために、リーダーはどういう支援をすればいいのでしょうか。一つの方法は、亀裂の方向転換です。そのために、メンバーにいわゆる「リアプレイザル（再評価）」を実践させることもよくあります。要するに一人一人が方向転換して、よりポジティブな、より共感的な姿勢でチームメートに向き合うのです。

集団の成員が走りがちな行動をリーダーが心得ていさえすれば、集団行動のある面は強化し、別の面は抑制することで断層に対処できます。リーダーは第1に、「チームとしてのアイデンティティ」の構築・強調をすべきです。ばらばらな個人の寄せ集めを、包括的アイデンティティのもとに結束し一体化して一つのチームにするわけです。君たち一人一人がチーム（マーケティングチーム、デザインチームなど）の代表だ、とメンバーに伝えましょう。第2にすべきことは、「高次の目標」の強調です。つまりチームが社のために達成すべき、メンバー全員の共通の目標です。一人一人が互いのバックグラウンドの違いを超えてチーム目標の達成に尽力してほしい、と呼びかけましょう。ゆがんだ権力認識がもとで問題が生じたら、事の性質に応じて対処しましょう。場合によってはメンバーの目を権力争いから逸らして、より高次の目標――イノベーションを通じた社会貢献、収益増、ライバル企業打倒など――へ向けさせるのが最善の道だというときもあります。

## 「4 見通し」という課題

バーチャルチームのリーダーは、メンバーとまめにコミュニケーションを取るべきです。メンバーにしてみれば、上司と話をすることで現状や将来への見通しが得られるからです。

見通しが立てば、日々何をすべきかがはっきり見えてきます。対面コミュニケーションが不可能な場合にリーダーがバーチャルな存在感を発揮するにあたっては、第4章で挙げた各種のデジタルツールが物を言います。リーダーがまめに、明確かつ率直なコミュニケーションを取ればリモートワークのプラス効果を増幅し、マイナス影響を埋め合わせられるのです。第2章で述べたように、在宅ワーカーが仕事中に孤独感を感じるかどうかはリーダー次第です。明確な目標設定や、親身になってフィードバックを提供することも、良きリーダーシップにとっては常に欠かせません。以上のようなマネジメントの基本はコロケートチームにもあてはまりますが、メンバーがリーダーの視界の外にいて、オフィスにいれば自然に発生するはずのコミュニケーションの流れから取り残されているリモート環境では、いっそう重要になってきます。

実際、リーダーが職責、期待、目標、目的、締め切り等に関するコミュニケーションを増やすと、メンバーの会社に対する忠誠心も、仕事満足度も向上し、パフォーマンスも改善することが研究によって証明されています。リーダーがオンラインのソーシャルグループを立ち上げたり、職務パフォーマンスや給与やキャリアアップなどについて定期的にコメントしたりするのもメンバーに好評です。

## 「5 パフォーマンス評価」という課題

リーダーは、成果改善に向けてリモートチームに定期的にフィードバックを提供するほか、メンバー各人のパフォーマンス評価や昇進の判断もしなければなりません。バーチャルチームのメンバー、特にリーダーの「視界の外」にいて孤立しているメンバーの頭にこびりついて離れない疑問が一つあります。自分はコロケートワーカーと同等には評価してもらえないのではないか、という疑問です。職場勤務の同僚は対面のやりとりを通じて上司の目や耳をとらえ、「よくやった」とか「もう一頑張りしてほしいな」などのインフォーマルなコメントをもらうことができるからです。この疑問の答えを探ろうとした研究者グループが、リモート勤務とコロケート勤務と両方の部下をもつ管理職グループとその直属の部下を対象に調査を行いました。

研究者も、そして働き手自身も、リモートワーカーの方がコロケートワーカーよりも厳しく評価され、低いパフォーマンス評価を受けるのではと危惧していました。ところが意外や意外、リモートワークは職務パフォーマンス評価の対人関係項目にもタスク項目にもマイナス影響を及ぼさないことがわかりました。調査ではさらに、両勤務形態の働き手のキャリアアップの可能性を探るべく、「部下のキャリアアップの可能性をどう評価しますか」と上司に質問しました。回答は一貫して「可能性は高い」ないし「可能性はきわめて高い」でした。リモートの部下とコロケートの部下とで、キャリアアップ見通しに関する上司の評価は大差なかったのです。上司の視界の外にいるからといって、記憶からも消えてしまうわけではないことがわかります。

## 「6 メンバーへの働きかけ」という課題

バーチャルリーダーにとってきわめて大切な〝ツール〟の一つが、物理的に同じ場所にいなくてもメンバーに絶えず働きかけ続け、影響を及ぼし続けることを可能にするようなプロセスです。ここでいう「プロセス」は、リーダーが継続的に実践する行動ややりとりのことです。ごく些細な行動のように思えるものも含みます。「室内の空気を読む」ことや、オフィスビルの周りを部下と散策しながら話し合うことが不可能なら、メンバーが自分自身やチームメートへの認識を深める機会を意識してつくるべきです。具体的には、チームや社全体の改善に向けて意見を出してほしいと言ってみましょう。リモートメンバーに意見を促すことは、メンバーに所属リモートチームの成功に全面的にコミットしてもらうためにも大切です。また、メンバーが自分の実力を自覚し発揮できる環境をつくるためには、リーダーはコロケート環境を前提とした従来型のチームプロセスに取り組むと同時に、バーチャルリーダーシップ特有のチームプロセスにも乗り出す必要があります。そのためにリーダーにぜひとも実践してほしい行動が三つあります。(1)インフォーマルなやりとりができる自由時間を計画的に設ける、(2)メンバー個々人の違いを強調する、(3)強引にでも、意見が対立する状況をつくる。

リーダーは計画的に自由時間を設けて、メンバー間のインフォーマルなやりとりを促進すべきです。リモート環境でもリラックスしたざっくばらんな雰囲気を醸し出すためには、リーダーが意識してそう仕向ける必要があります。コロケートチームワークの推進に熟練したリーダーが、メンバーの仕事机やオフィスを1カ所に寄せ集めることがよくありますが、それと同じです。仕事以外のインフォーマルなやりとりの効果はよく知られています。話題は天気、家族、スポーツ、新しくオープンしたレストラン、テレビ番組など。こうした会話は人間関係づくりに役立つし、自分の意見にチームメートが耳を貸してくれるという実感をもたらします。それだけではなく、インフォーマルな雑談の中で各人が経験談を披露するうちに、仕事関連の貴重な情報が飛び出す可能性もあります。電話の不具合についてであるメンバーが何気なく漏らした愚痴がきっかけで、チームが取り組むべき重大な技術的課題が浮き彫りになることもあります。地元の政治情勢に関心のあるメンバーが話題に出した、審議中の法案が実は、社の入札プロセスに影響する法案だったということもありえます。

分散型チームでは、ざっくばらんなコミュニケーションが自然発生することは稀です。チームミーティングが開かれるのは普通は特定タスクについて話し合うためで、しかも時間が限られていることが多いからです。そのため、自然発生的なやりとりを推進しようと思ったらリーダーが意識して努力するしかありません。簡単な推進策としては、ミーティングの冒頭の6~7分を、業務外のインフォーマルな雑談タイムと決めておくという手がありま す。天気の話だけでなく、技術的トラブルや作業環境等についても話し合うようメンバーに促しましょう。もちろん愚痴だってかまいません。バーチャルランチや、コーヒーやお茶やおやつ休憩を予定に組み込んで、インフォーマルな交流を促進するのもいいでしょう。バーチャルなハッピーアワーだってアリです。バーチャルなレクリエーション活動の計画を立てるのも一案です。飽きないようにときどき内容を変えます。

インフォーマルな雑談の価値を実証するためには、リーダーみずからが率先垂範すべきです。企業買収にともなってリモートチームを引き継いだあるマネジャーは、リモート社員を重要な決定に関与させたり、たびたび彼らに連絡を取って進行中のプロジェクトの相談をしたり、いい仕事をしてくれたと感謝したりしました。個々のリモートメンバーに電話をかけることまでしました。誕生日休暇をあげたり、ただおしゃべりしたりするためです。しかし、必ずしもすべての場面にリーダーがいちいち顔を出す必要はありません。同僚同士の雑談タイムを導入するのもいい考えです。例えばメンバー同士をペアにして、少なくとも週1回以上定期的に連絡を取り合わせ、バーチャル交流させるのです。相棒に感謝の意を表するために何かさせてもいいでしょう。ギフトカード、相棒の家族のためのちょっとしたもの、手書きのメモなどを贈り合うのです。こうすると仕事を超えた親近感や絆やつながりが生まれ、メンバー全員の孤独感が解消されます。チーム内でときどきペアを入れ替えれば、また別の相手と一から親交を深めることができます。

リーダーにとって重要な行動の二つ目、「メンバー個々人の違いを強調する」を実践することで、メンバーにお互いの得意分野を認識させることができます。部下の立場では自分の意見はなかなか言いにくいですから、リーダーが積極的に意見の違いを奨励することが大切です。リーダーが組織や効率に重きをおくあまり、無意識のうちに多様な見解を封じてしまうことがよくあります。専門知識が豊富なメンバーの見解すらです。私が調査したあるソフトウェア開発者の例では、所属チームのリーダーが反論を一切受けつけない人だったので、その開発者は自分の地位を守るため、言いたいことがあってもだんまりを通していました。ある機能の設計に問題があると思ったときも何も言いませんでした。4週間後、チームはまさに彼が予見した問題に足をすくわれました。

自由な意見交換を促すためには、リーダーがメンバーにどんどん意見を聞くべきです。「新プロポーザルをどう思う?」「他に意見のある人はいませんか?」など。ミーティングの議題そのものも議論の俎上に載せるべきです。意見の違いを強調することは、個々人の個性を浮き彫りにすると同時に、サブグループ間の境界線をあえて無視することにもつながります。リーダーがメンバーのことを所属のサブグループ名で呼ぶ(「ニューヨークグループの誰かが言ったように……」「技術者グループの彼が指摘したように……」など)のは控えましょう。あくまで個々人の意見や知識にフォーカスすべきです。

第3に、アイデアやタスクやプロセスをめぐる生産的な意見対立を強引にでも演出することで、チーム全体のパフォーマンスを強化できます。意見の対立を強いるのは、メンバーが自分の実力を自覚し発揮できるような環境づくりの基盤ともなります。

メンバーの意見が自然に、かつコンスタントに対立するような環境はコロケートでもなかなか実現しにくいものですが、リモート環境ではさらに実現困難です。心理的安全性が確保された状態で、メンバーが「対立」イコール「学ぶチャンス」と捉え、相反する意見をすり合わせることができるのが理想です。そのためには、チーム全体が反対意見を前向きに、つまり視点の違いとして受け止めるような、提案者が「事を荒立てた」と言われて非難される心配のないような雰囲気が必要です。反論が出たら、「名案ですね……そういうブレーンストーミングをもっとやりましょう」というようなコメントで応じましょう。反論に対して否定的なメンバーがいたら、なぜ否定的なのかをはっきりさせます。いまの意見のどこがひっかかるのか？　そうすればアイデアの提唱者は、同僚からの質問に対する対応を通じて積極的な議論形成役を担うことができます。以上のような穏健なアプローチでは効果がないという場合は、リーダーは強引にでも見解の対立を演出すべきです。メンバーに不満を吐き出させたり、個人間や文化間の差異をあげつらわせたりしろというわけではありません。率直かつ知的な反論を積極的に引き出せということです。それをきっかけに、目の前のタスクやプロセスについての斬新な発想が生まれるかもしれないからです。

バーチャル環境では、リアルな世界でリーダーシップを発揮する支えとなっていた対面のやりとりやリーダーシップツールはもうありません。リーダーとしての存在感という土台の上に苦労して積み上げてきた成果も、どこかへ消え失せてしまいます。リアルな世界を体現する光景や音声を、いまやデジタルメディアという狭いチャンネル1本を通してマネジメントしていくしかないのです。インフォーマルな触れ合いが偶然に、または計画的に発生することもありません。誰かのデスクへ立ち寄ってコーヒー休憩に誘うことも、チームメンバーを連れてお昼を食べに行って雑談し、結束を強化することもできません。しかしこうした武器をことごとく失っても、バーチャルリーダーがチームを強化しエンパワーすることは可能です。目標は、部下が目の前にいなくなってもなお、リーダーとして影響力を及ぼし続けることです。そのためには、メンバーが自身の能力を自覚し発揮できるような環境づくりが必要です。

バーチャルなリーダーシップにはさまざまな要素がからむため、バーチャルならではの難しさがありますが、報いも大きいものです。そのためにはリーダー自身が、物理的な存在感とインフォーマルなコミュニケーションに頼った対面のリーダーシップツールから、対面ツールのバーチャル版へ、あるいはまったく新しいリーダーシップツールへとシフトすることが必要になってきます。コロケート環境を前提としたリーダーシップの法則は、たいていがリモート環境にもあてはまります。しかしリモートでは、同じ結果を達成するにもより意識的な努力が必要です。バーチャルリーダーは、メンバー間のやりとりにインフォーマル感を出すためにフォーマルな手続きを踏み、ざっくばらんな雑談タイムを確保するためにきっちり計画を立てるという、一見矛盾した対策を講じなければなりません。分散型チーム内にサブグループや断層が形成されるプロセスをリーダーが理解した上で、リモートならではのチーム分裂傾向を阻止することが重要です。同じくらい大切なのが、姿の見えないリモートメンバーと定期的、継続的にコミュニケーションを取ることです。リーダーがリモート環境特有のリスクを認識し、必要な対策を講じさえすれば、強い絆で結ばれ、メンバー個々人のユニークな能力を活かして成果を上げるリモートチームが誕生するはずです。そしてリーダー自身もメンバーも、このチームならどんな事態が起きても対処できるという自信をもてるはずです。

リモート環境で成功する——

## バーチャルチームのリーダーが心すべきこと

●**勤務地や勤務形態の違いが及ぼす影響を最小限に抑えよう。**バーチャルチームでは、メンバーの勤務地点がチームダイナミクスを左右します。メンバーの勤務地の違いや、リモートかコロケートかという勤務形態の違いから生まれたサブグループやソーシャルダイナミクスが、メンバー間の対立につながるおそれがあります。したがってリーダーはこうした違いを意識し、積極的に対応すべきです。特に孤立者対応は大切です。

●**サブグループ間の上下関係は無視し、個々人の得意分野にフォーカスしよう。**チーム内に複数のサブグループがあって、各グループの所属人数や現実・想像上の地位が違うと、サブグループ間で上下関係が生まれます。うちのグループは地位が低い、という思い込みによる悪影響に対抗するには、リーダーがサブグループの境界線にこだわらず常にメンバー個々人の能力を認め評価すること、サブグループ間の現実・想像上の上下関係を無視することが大切です。

**●チーム目標を強調しよう。**どんなチームにも必ず断層は生じるものです。断層の深化を阻止するには、リーダーが「チームとしてのアイデンティティ」を構築・強調してチームメンバーを結束させること、メンバー一人一人がチームを代表しているのだとメンバーに意識させることが大切です。さらに「高次の目標」、つまりチームが達成すべき共通の目標を強調し、一人一人の努力がチーム目標達成に貢献することをメンバーに意識させることも大事です。

**●予定を明確化しよう。**リモートワーカーは先の見通しが欲しいものです。そのためにはリーダーがメンバーの職務内容や責任を明確かつ率直に、まめに伝えることです。

**●フィードバックしよう。**リモートワーカーだってコロケートワーカーに劣らぬパフォーマンスを発揮できるし、キャリアアップもできます。リーダーは適切で建設的なフィードバックを通して、メンバーの個人目標達成をサポートすべきです。

**●メンバーに積極的に働きかけよう。ただし反論を封じ込めないこと。**効果的に連携できるチームをつくるためにはコンスタントな働きかけが必要です。バーチャルミーティングの冒頭にインフォーマルな雑談タイムを組み込んだり、バーチャルなお楽しみ時間を設けたりすることでチームの結束を強化できます。お互いの違いを認めて評価するようメンバーに促すこと、安心して反論や懸念を口にできる環境をつくることも大切です。

第8章

# リモートチームがグローバル危機に備えるには

# How Do I Prepare My Team for Global Crises?

トルコのイスタンブールには不穏な空気がたちこめていました。市民の憩いの場であるタクシム・ゲジ公園で反政府デモ隊が気勢を上げ、国外でもニュースになっていました。騒ぎを鎮圧しようと、機動隊が群衆に催涙ガス弾を撃ち込むほどでした。イスタンブールは、ボスポラス海峡をはさんでヨーロッパ側とアジア側の2大陸に分かれています。両大陸を結ぶいくつかの橋は街の誇りです。しかし2013年夏の酷暑のもとでトルコ社会にうがたれた新たな溝、つまり進歩派と保守派を隔てる世代ギャップを橋渡しするのはほぼ不可能とすら思われました。危機が深刻化するにつれて、トルコ全土に社会不安が広がりました。トルコ社会の主流派は、昔からおなじみの反米レトリックを展開しました。デモ隊が街路にコーラをぶちまけ、二度とコカ・コーラ社製品は買わないと誓ったとき、レトリックは行動へと転化しました。米国製品の代表と目されるコカ・コーラ・ブランドが、欧米のトルコ介入・抑圧の象徴となった瞬間でした。

コカ・コーラのトルコ・コーカサス・中央アジア社のガリア・モリナス社長は、ソフトドリンクをぶちまけるデモンストレーションが自社にとって何を意味するか十分に承知していました。モリナス率いる主に女性から成る経営幹部チームはちょうど、記録破りの業績・売上規模成長を17カ月連続で達成したばかりでした。コカ・コーラ社勤続20年になるベテラン社員で、輝かしいキャリアを誇り、温かく人なつこい微笑とみるからに有能そうな物腰で知られるモリナスは、現代トルコのリーダーのお手本ともいうべき人物です。しかし当時の米国企業がどこもそうだったように、トルコ社の売上も政情不安に押されてすでに急落していました。自チームの前例のないほどの成功が、いまや自分にはどうにもできない外的要因によっておびやかされていることをモリナスは痛感していました。

モリナス率いるチームが直面した状況は、グローバル化著しい今日のビジネス環境では一国や一地域で起きたことが全世界へ波及することもあるという好例です。グローバルチームのリーダーなら誰でも、外的要因の影響を受けて「群衆が公共の場でソフトドリンクをぶちまける」ような目に遭う可能性が大いにあります。私たちの生活と仕事の場である各国の市場はすべて、相互にからみ合っています。だからこそ小規模な危機が相次いで勃発するのだし、だからこそあらゆるリーダーシップはグローバルであることを求められるのです。全世界が互いに密接にからみ合っていることを少しでも疑っていたとしても、そんな疑いは2020年のコロナ・パンデミックによって一掃されました。コロナが引き起こしたグローバル危機のせいで膨大な働き手がある日突然、リモートワークへの移行を強いられただけではありません。各国がリソースを求めて協力や競争を繰り返すにともない、地政学的関係にも大きな影響が及びました。

「すべての政治はローカルである」という言葉があります。米マサチューセッツ州出身の傑出した政治家ティップ・オニール〔1912〜1994。民主党下院議員〕が、前世紀に提唱して広まった言葉です。小さな共同体で起きることもみな、国家政府レベルにまで影響を及ぼす、したがって地元有権者の日々の心配事にも関心をもち続けてこそ優れた政治家といえる、というのが彼の信条でした。今日では、オニールの言葉に「すべてのリーダーシップはグローバルである」とつけ加えるといっそう正確でしょう。グローバルな問題がローカルな消費者感情にどう影響するかを理解せずにはリーダーは務まりません。たとえ自分の担当領域はローカルであっても最新のグローバル事情に関心をもち続けること、自組織に影響しそうなグローバル危機に直面したとき、新たな能力を構築するすべを習得することが大切です。グローバル性とローカル性との連携が必要なのです。

本章ではまず、現代世界の実情を明らかにします。変動性・不確実性・複雑性・曖昧性という四つの要因（Volatility, Uncertainty, Complexity and Ambiguity、略してＶＵＣＡ）が増幅している結果、密接にからみ合った世界全体に波及的影響が広がりやすくなっているせいで、いつなんどき危機が勃発するかわからないのが現状です。次に、グローバルチームが現代の相互にからみ合った、危機が起こりやすい世界を乗り切るためにはリーダーにどういう姿勢が求められるかを、ｉＰｈｏｎｅカメラの例えを用いて説明します。社会学でいう「原産国効果」とは何か、なぜそれがグローバル企業にとって重要なのか、密接にからみ合った世界が突きつける諸課題に対処するために必要なのは「認知的に多様な」［考え方や視点やスキルが多様である］チームであるのはなぜかも説明します。以上と並行して、モリナス率いるチームの歩みを紹介します。業績急降下という危機に瀕した同チームがどうやって危機を乗り切ったか。そしてリーダーであるモリナスが、コロナウイルスが世界にもたらした革命的変化にどう対応したか、をたどります。

## ＶＵＣＡ——現代世界のあり方

グローバル化時代の企業は、変動性・不確実性・複雑性・曖昧性（ＶＵＣＡ）をはらむ世界で活動しています。ＶＵＣＡはもともと米陸軍士官学校の用語で、軍のリーダーが立たされる状況を表す言葉でしたが、いまでは市場崩壊、自然災害、公衆衛生危機といった状況にも使用されます。現代世界では、ＶＵＣＡは常にそこにある存在です。ここからの話はわかりきったことに思えるかもしれません。ですが現代世界のあり方を深く理解し、かつそのためのボキャブラリーを知ることは、いまの世界が突きつける難題にどう対応するのがベストかを考えるための第一歩となります。これから紹介するいくつかの例は、氷山の一角にすぎません。実例を挙げようと思えば他にもいくらでも挙げられます。

**「変動性（Volatility）」**：ダイナミックで急激な変化が絶えず起きる状態をいいます。

通りにコカ・コーラをぶちまけたデモ隊は、コカ・コーラ社にとっては予想もしていなかった課題でした。抗議行動がどういう形をとるのか、どのくらい続くのか、誰にも予想がつきませんでした。「変動」の他の例としては、自然災害後の物資不足にともなう物価変動や、世界各地のコロナ感染率の増減などがあります。地震や洪水も、救助作業従事者にとって物理的に変動性の高い条件をつくり出します。

**「不確実性（Uncertainty）」**：前述のような急激な変化が予測不能であることをいいます。したがって、あらかじめ事態を予測して備えておきたくても困難です。

政情不安がコカ・コーラ社の売上に影響していることはモリナスもわかっており、いずれは事態の立て直しに向けて行動に出るつもりでした。とはいっても、対策をとれば確実に収益が回復するという自信もありませんでした。もっと一般的な「不確実性」の例としては、ライバル会社が新製品を売り出すとか、新たに開発されたワクチンのタイミングや効果などがあります。雇用凍結、失業率の増減、政府が新たに導入した規制の影響なども不確実な状況を生みます。不確実な状況に置かれたリーダーは、結果を正確に予測できないまま行動に出るしかありません。不確実性には複数の要因が関わっていることもよくあります。例えば、ある国で新たな規制が導入され、かつ、景気が低迷する中で新製品を市場に投入する場合などです。

**「複雑性（Complexity）」**：きわめて多元的で可変要素も多いため、コントロールが不能とまではいかずとも困難な状況をいいます。

2013年当時のモリナスの担当地域は、トルコだけでなく中央アジア8カ国に及んでいました。そのため幹部チームが何か変更しようとするたびに、地方分権型のローカルチーム、ボトラー、市場、消費者、地域リーダー、伝統文化（いずれも多数）、加えてイスタンブール本社の判断やダイナミクスまで斟酌《しんしゃく》する必要がありました。多国籍企業はその本質上、多数の国の法律や規則や慣習が織り成す複雑なネットワークの中で活動しています。多国籍企業に限らず、今日の社会では多くの組織にとって複雑性はいわばデフォルトです。病院、金融機関、テクノロジーハブ、空港、どこも1世紀前の人間には想像もつかないほどの複雑性のもとで稼働しています。複雑性がある以上、物事が破綻するか間違った方向へ進み、大小の危機につながることは必然といえます。

**「曖昧性（Ambiguity）」**：「知らないことすら知らないこと［存在することすら知られていなかった問題］」が発生し、因果関係が不明瞭な状況のことです。

2013年当時のモリナスには、イスタンブール本社で下した決定が担当地域であるアゼルバイジャンやウズベキスタンのローカル市場にどう影響するか、知りようがありませんでした。同じく自社の担当地域である中央アジアのアルメニアやカザフスタンのローカル市場の細かいことも、当然ながら「知らないことすら知らないこと」でした。イスタンブールから距離的に遠いからです。新興市場に参入しようとするグローバルリーダーの例に洩れず、モリナスもきわめて曖昧な状況で業務を進めるしかありませんでした。その7年後、彼女はさらに曖昧な——しかも変動性が高く、不確実で、複雑な——環境で働くことになります。コロナ・パンデミックが全世界に大打撃を与えた結果です。モリナスがコロナにどう対応したかは、また後で紹介します。コロナが組織や各種業界や社会に長期的にどのような影響を及ぼすかは、いまはまだわかりません。しかし、世界が大きく変わったことはわかっています。パンデミック下では全世界の政治指導者が、自粛体制と普段どおりの生活とを比較してその功罪を秤《はかり》にかけることを余儀なくされました。しかも、どういう戦略を実施すればどういう影響が出るかを正確には予測できない中で、です。

今日のビジネスリーダーを取り囲む変動性・不確実性・複雑性・曖昧性という4要因を併せればこれはもう、いつ危機が起きてもおかしくない火薬庫のようなものです。市場崩壊、自然災害、公衆衛生危機、政治動乱——どれも想定外の危機です。グローバルリーダーはこうした想定外の危機を想定して備えねばならないのです。

チームが危機に備えるということは突き詰めれば、自分のチームや市場や業界の枠をはるかに超えて関心を広げることを意味します。私は長年、世界の何百人というリーダーに会い、グローバル危機に備える最善の方法について意見を聞きました。そして悟ったのは、チームリーダーは、事業のターゲットが主に国際市場なのかローカル市場なのかにかかわらず、「グローバルリーダー適性」を備えるべきだということです。そのためには「パノラマ的視野を身につける」こと、いち早く「状況をフレーミングする」こと、「ただちに行動に出る」ことが必須です。どのスキルにも幅広い活用・解釈の余地があります。では、ガリア・モリナスがこの三つのスキルをどう実践したかをみていきましょう。

## パノラマ的視野を獲得せよ

パノラマ的視野とは何かを理解するために、カメラのレンズ、特にいまや誰もが使っている一般的なｉＰｈｏｎｅのカメラを思い浮かべてください。広大な田園風景や室内全体を撮影したいときはパノラマレンズを使います。これに対して、風景の中にたたずむ1本の木や、室内の友達誰か1人の顔のクローズアップ写真を撮りたいときはポートレートレンズを使います。グローバルリーダーもこれと同じように、広範囲で起きている現象——複数国にまたがり、危機的状況を含むことも多い——から、例えばチームダイナミクスやローカル市場での売上高などのクローズアップへと、フォーカスを切り替えるすべを学ぶ必要があります。

パノラマ的視野獲得への第一歩は、最新のグローバル情勢をスキャンする（全体を見渡す）ことです。世界の一部地域のニュースだけを消費するという贅沢は、リーダーには許されません。ちょうどパノラマレンズのように、常にできるだけ広い視野からグローバル情勢を見渡すべきです。原油価格の変動、規制や労働法の改正、農産物の供給不足や供給過剰で世界的に影響がありそうなものなどです。たとえ相手が一過性の現象や目まぐるしく変化する現象でも、警戒を怠らず、自組織との関連性を見きわめることが大切です。単純ですがぜひとも実践したい行動の一つに、各種の国際メディアを絶えずチェックするというのがあります。そうすることで、地政学的事象やその他の事象への理解が深まります。これこそは、自社の展開地域に「ポートレートトレンズ」を向けてとらえたローカル問題の本質を理解するための第一歩です。

私は最近モリナスに、情報収集にはどんなメディアを利用しているのかと聞いてみました。すると、毎日のテレビのニュースは実は見ないと打ち明けられました。テレビのニュースは「知見や理解は提供してくれず」、むしろ「政治色が強いから」だそうです。その代わり、オンラインで次のようなメディアに目を通しています。ＢＢＣ、『ニューヨーク・タイムズ』紙、『ウォール・ストリート・ジャーナル』紙、『フィナンシャル・タイムズ』紙、『エコノミスト』誌、アルジャジーラ、『アトランティック』誌。さらに、身近にいる博識で認知的に多様な人々からも「フィード（情報提供）」を受けています。生物学、政治学、医学、社会学などさまざまな分野に造詣の深い人が揃っているそうです。まさに高度で総合的な知識の宝庫です。

変動性の高い、いつ何が起こるかわからないグローバル情勢への警戒を怠らずにいようと思ったら、睡眠時間を犠牲にするしかないこともあります。モリナス率いる高業績の幹部チームは、イスタンブールの街路にコカ・コーラをぶちまけるという行為でピークに達した反米感情を目の当たりにした当初、ショックを受け凍りつきました。記録破りの業績を上げてからまだ数カ月しか経っていないのに！　同チームは全社中で唯一、2年連続二ケタの売上規模成長を記録し、2010年から2011年にかけて10余りの社内賞を獲得しました。広大な地域に分散した多数のローカルボトラーと提携するという課題を同チームがどうやってクリアしているのかを視察しに、中国からわざわざ視察チームが訪れたこともあるほどです。なのに、いまや危険なほど収益が低下しています。赤字が下げ止まる兆候もいっこうに見えてきません。イスタンブールで展開しつつある典型的なVUCA状況が、モリナスの成功に唐突かつ早すぎるブレーキをかけ、あげくはチームを機能不全に陥らせかねないありさまでです。

そこでモリナスは、レンズをパノラマ的視野へ切り替えてみました。すると、事態の根っこにあるのはトルコ全土に広がった反米感情であることが見えてきました。社会科学ではこういう現象を「原産国効果」といいます。原産国効果とその影響を知っておくことで、相互にからみ合う世界においてグローバルリーダーがしばしば直面する危機を理解し、対処できるようになります。

## 原産国効果への対応

原産国効果（country-of-origin effect）とは、社会学者ロバート・シューラーが1960年代半ばに提唱した概念です。グローバル経済、特にマーケティングに大きな影響を与えるので、グローバルリーダーにはぜひとも押さえておいてほしいコンセプトです。簡単にいえば、消費者が何らかの製品やサービスを、製品自体のもつ価値ではなく、製品の原産国に対する先入観に基づいてステレオタイプ化することを原産国効果といいます。原産国効果はプラスに作用することもありますが、マイナスに作用する場合の方が多いです。トルコ国民が反米感情からコカ・コーラを拒否したようにです。

グローバルリーダーは、原産国効果が事業収益に及ぼしうる脅威を予測すべきです。脅威は、大規模な製品不買運動という形をとることもあります。今日の消費者はソーシャルメディアを通じてグローバルかつリモートなネットワークを形成していますから、即座に情報交換したり、大がかりなキャンペーンを組織したり、政治的に問題ありと思われる国に本社を置く企業に対して抗議行動を起こしたりも容易にできてしまいます。

ある一地域で発生した原産国効果によって、リーダーがパノラマ的視野の強化を迫られた例をいくつか紹介しましょう。一地域とは中東のことです。中東では、変動性の高い政情不安や政変を背景に、反欧米感情に突き動かされた不買運動やデモが繰り返し起きています。

イギリスの大手スーパーマーケット・チェーン、セインズベリーズは、消費者による不買運動の結果、2001年にエジプト市場からの撤退を強いられました。撤退前の2年間の損失額は1億2500万ポンド［2001年の為替相場で約215億円］に達しました。エジプト国内で雇用と人気商品を提供していたセインズベリーズですが、同社がイスラエルとつながっているらしいとの報道がきっかけで、エジプト国民の同チェーンへの反感が爆発しました。不買運動の目的は、パレスチナでの反イスラエル・デモに対するイスラエルの軍事対応への抗議でした。別の例では、長らく中東に展開してきたデンマークの食品会社、アーラフーズが、2006年の不買運動を受けて危うく全中東市場からの撤退を余儀なくされかけました。デンマークの新聞に掲載された風刺漫画が、イスラム教を愚弄していると解釈されたためです。食品会社も新聞もどちらもデンマーク産だという事実以外には、両組織間に目に見えるつながりはありませんでした。それでもなお、アーラは対応を迫られたのです。

原産国効果は、事実よりも認識に左右されます。消費者の認識をネガティブからポジティブへ転じる鍵は、効果的なコミュニケーションやメッセージです。アーラが中東地域に踏みとどまれたのは、いち早く中東全域の新聞に1ページ広告を打って、自社は不謹慎な風刺漫画とは無関係だと宣言し、後者を公然と批判したおかげです。スイスに本社を置く多国籍企業ネスレがデンマーク産の粉ミルクを使っているという噂が広まったときも同じです。ネスレはサウジアラビア国内の各紙に広告を出して、自社製品はデンマーク産ではないと消費者にアピールする手段に出ました。

グローバルリーダーは、不買運動には個々の企業の活動よりもむしろ、国際政治情勢がからんでいる場合が多いことを理解しておくべきです。最近、原産国効果についてメキシコの企業各社のCEOと話していたとき、2016年の米大統領選挙の話題が出ました。その場にいたCEOの多くは、ドナルド・トランプが合衆国第45代大統領に選出されたときはショックと不安のあまり呆然としたと語りました。トランプは選挙戦中、米・メキシコ貿易協定の厳格化や不法移民の強制送還の促進を公約し、米・メキシコ国境に壁を建てるという脅しをちらつかせていたからです。トランプの選出後間もなく、メキシコで米国製品不買運動が勃発しました。標的となったのはマクドナルド、ウォルマート、コカ・コーラ、スターバックスなどです。メキシコのソーシャルメディアには、「#アディオス（さらば）・スターバックス」といった露骨なハッシュタグが登場しました。サプライヤー関係にもひびが入りました。これまでなら簡単にとれたはずの契約が、入札してもいっこうに獲得できません。不買運動の影響を受けてメキシコペソも下落し、米国企業は軒並み大打撃を受けました。

米国の消費者も原産国効果と無縁ではありません。社会科学者らがテキサス州の住民500人を無作為に選んで行ったアンケート調査があります。社会経済体制や政治体制が異なる36カ国産の製品を挙げ、買いたいと思うのはどれかと質問したところ、回答者が「いちばん買いたいのは、ヨーロッパやオーストラリアやニュージーランドの文化をもち、経済的に発展した自由な国の製品」だとわかりました。言い換えれば、消費者は自分と似たような信条や文化環境をもつ国の産品を買いたがり、自国と敵対している国や自分と共通点がないと思う国からは買いたがらない傾向があるということです。

## 状況をフレーミングせよ

カメラのポートレートモードで写真――家族写真でも、手の込んだ料理でも、自撮りでも――を撮る場合、どうフレーミングするかを考えるでしょう。背景をどの程度入れ込むか。どの角度から撮るか。納得のいく写真が撮れるまでに何度ぐらいクリックするか。リーダーが自チームをグローバル危機に備えさせるために状況をフレーミングするのも、これと同じです。まずはパノラマ的視野に立って目の前の光景をスキャンし、行く手に待ち受けるリスクを予想します。それができたら今度はポートレートモードに切り替えて、グローバル情勢が今後、自チームに突きつけるかもしれない課題に対処するためにはどういう改革が必要かをクローズアップで見きわめます。

もしメキシコ企業のCEOたちが、2016年米大統領選に先立つ何カ月かの間に複数のシナリオを予想していたら、自社の製品やサービスに及びそうな影響を想定して対策を立てることもできたはずです。レンズをパノラマモードから複数のポートレート・シナリオへと切り替え、状況をフレーミングすれば、いま起きていることが短期的、長期的将来をどう左右するかをいち早く予測できます。例えばグローバル政治の二極化が進めば、自社の顧客企業も二極化に対応しますから、リーダーとしては考えられるシナリオをいち早く予想しフレーミングすることが必要になってきます。

国境を越えて急速に蔓延する新型コロナウイルスの存在と脅威が世界的に報じられた2019年末から2020年初めにかけて、世界の指導者たちがとったさまざまな対応は、状況を有効にフレーミングできるか否かのいわばリトマス試験紙だったといえます。まずは、米ルイジアナ州ニューオーリンズ市の指導者が状況をどうフレーミングしたかをみてみましょう。

全世界から百万人余りの観光客が訪れる毎年恒例のイベント、マルディグラ（謝肉祭）の何カ月か前に米政府は、中国で見つかった新種のコロナウイルスは米国市民にとってさしたる脅威ではない、という旨の報告書を公表しました。ニューオーリンズ市長も市の医療当局もマルディグラの主催者も、報告書を額面どおりに受け取りました。誤算は悲劇的な結果を招きました。2月25日に始まったマルディグラでは、140万人余りが街の通りを埋め尽くしてどんちゃん騒ぎを繰り広げました。2020年2月25日といえば米CDC（疾病対策センター）が、コロナ感染症拡大の危険がある、各都市が感染阻止に向けて厳重な対策を講じてほしいとはっきり警告を発した日でもあります。しかし、すでに遅すぎました。感染はすでに起きていました。状況のフレーミングが正しくなかったか、フレーミングのピントが外れていたか、あるいはそもそもフレーミングを怠ったせいです。

それから2週間近くたった3月9日に、ニューオーリンズ市のコロナウイルス感染者第1号が発見されました。ウイルスはとどまるところを知らず拡大し、間もなく同市の感染者数・死亡者数は全米でも最悪レベルの急上昇を見せました。後に市長は、市当局としては当時入手できた情報を踏まえて行動したと主張して、マルディグラ実施の決断は間違っていなかったと自己弁護しました。あの時点では連邦政府はいまだ、米国が「パンデミック危機の瀬戸際に立っている可能性がある」と警告していなかったと。しかし、致死的ウイルスが広まりつつあることはすでに報じられていました。これをみると、地平線に出現した危機の存在を認めただけでは十分とはいえないことがわかります。リーダーが危機を現実として受け止めることが必要なのです。専門家によれば、リーダーが警告を聞き入れないのは、自組織が不死身だと思い込んでいるからか、現実を否定することで万事正常だと自分に言い聞かせられるからというケースが多いといいます。米国内でも世界各地でも、ニューオーリンズ以外の多くの都市では指導者が状況をいくつもの角度からフレーミングし、おそらくはさまざまな情報源と協議し、迫りくる脅威を認識し、できる限りの予防策を講じました。これに対してニューオーリンズ市は、地平線に出現した嵐をフレーミングできなかったか、またはフレーミングしようとしなかったがために深刻な被害をこうむる結果となりました。

一方、シンガポールは、中国・武漢発の潜在的に致死的な新型コロナウイルス、という状況のフレーミングのお手本といえます。同国はアイスランド、ニュージーランド、韓国などと並んで、初期段階で感染拡大を阻止し、感染者数を抑え込むことに成功しました。医療当局は、あらかじめ膨大な資金や人員を動員しておくことによってコロナの脅威を撃退しました。政治指導者らは過去の公衆衛生危機の経験、例えば2003年のSARS（重症急性呼吸器症候群）蔓延等を教訓として、視野をポートレートモードへ切り替え、国民が直面しそうな各種のシナリオを予測しました。すでに官公庁・医療機関・担当者間に正確・有効なコミュニケーションチャンネルが存在したし、ウイルスの検査・追跡技術も導入されていたし、国民もステイホーム令の目的を理解していました。シンガポールの被害が比較的軽かったのは、各レベルの指導者が、連携のとれた全国規模のタスクフォース構築を通じて、2020年コロナ危機を正確にフレーミングし、予測することに成功したからです。シンガポールのリーダーは地平線に出現した危機にしっかりピントを合わせ、フレーミングしたということです。

## 多様な視点からソリューションを導き出せ

2013年、トルコでモリナスの周囲で勃発した危機は、コロナ・パンデミックほど変動性や複雑性が高く広範囲に及ぶものではなかった（そのモリナスも2020年にはコロナ危機に直面することになるのですが）とはいえ、グローバルリーダーが直面しそうな危機としてはむしろこちらの方が一般的でしょう。複数国にまたがる事業部の業績が低迷しており、原因は外的要因の影響によるところが大きいというケースです。状況のフレーミングが必要でした。モリナスがクローズアップのポートレートトレンズを真っ先に向けたのは足元、つまり自分の率いる幹部チームでした。

モリナスに言わせれば、チームの面々は「優秀なアナリストや優秀なマーケターなど、とにかく優秀な人材ばかり」だったそうです。1人を除いて全員が40代の女性で、全員が似たような経歴や文化的バックグラウンドの持ち主でした。チームワークはスムーズにいっているように思われました。スムーズすぎるくらいでした。話し合いになるとお互いに相手の意見に賛同するので、ほぼ議論になりません。モリナスによると「仲よくやっており、全員が同じ方向を向いていた」ということです。同僚の意見にかみつく者もいません。トルコ社の将来を考えると全員一致はあまりいい兆候とはいえないとはモリナスも感じていましたが、チームは社内賞をもらうほど収益を伸ばしていたので、あえて波風を立てることはしませんでした。

しかし2013年の危機に直面してみてモリナスは、有能な幹部チームが足かせでもあることを認めざるをえませんでした。メンバーの合計経験年数の長さにもかかわらず、同チームにはデモや反米感情が引き起こした危機に対応して自社事業を変革する能力が欠けていました。次に何が起こるかをいち早く予測し、針路変更の決断を下すためには、事態や問題に対して斬新なアプローチができるチームが必要です。一言でいえば、状況のフレーミングし直しが必要でした。

実際、モリナスのチームには新興市場経験がまったくなかったため、トルコ国外の中央アジア各国の新興市場の消費者にまつわる政治上、営業活動上のリスクを理解し解釈し、それに対処する能力がありませんでした。何より痛かったのは、社会全体の不安定化のあおりを受けてビジネスが低迷する中で、知見やソリューションをもたらせる人材が1人もいなかったことです。新興市場のダイナミクスを深く理解し、いち早く状況の立て直しに向けたプランニングに着手するためには、多様なバックグラウンドをもち、かつ他の地域で似たような経験をしてきたメンバーが必要だとモリナスは気づきました。

とはいえ、一夜にしてそこまでの気づきに到達したわけではありません。モリナスは最善の針路を考えあぐねて何日も何日も悩みました。出血を止めなくてはいけないのですが、現状のままではチームにはなすすべがありません。モリナスは、一部のリーダーがやるように危機に対して後手に回り、受け身で対応することはしませんでした。何とかして問題の根本を理解しようとし、いまどういう経営方針の変化が求められているかを徹底して考え抜こうとしました。ようやく、複数の角度から状況を十分にフレーミングした末、行く手に待ち受ける課題がはっきり見えてくると、モリナスはリーダーとして思いきった宣言をしました。「すべての重要ポジションに、全世界から可能な限り最高の人材を集めて配置します」。いまの幹部チームに何より必要なのは、見通しのつきにくい国や新興市場でのビジネス経験だと気づいたからです。

「チームメンバーの間には不安や緊張もみられましたが、私たちはやるべきことをやりました。いくつかの勇気ある決断が必要でした」とモリナスは話してくれました。「男性や外国人の数を増やしました」。そして、このときの経験から得た教訓をこう語ります。「グローバルリーダーには多様な思考が大切だと悟りました。優秀なエコノミストや優秀な財務担当者であるだけでは生き残れません。個々の国のダイナミクスを深く理解せねばなりません。そのためには意志と決断力があり、多様性を備えた、経験豊かなチームが必要です」

モリナスの気づきは、チームの最適なメンバー構成に関する研究結果とも一致します。メンバーの人口学的属性や性別、宗教、文化が多岐にわたるグローバルチームの方が、変化に応じて有効なソリューションを見出す認知的能力が高いことがわかっています。個性豊かな視点・経験の持ち主が集まったチームの方が、議論のテーブルにも個性豊かな意見が上り、最終的にはよりよい問題解決につながる可能性が高いのです。

２０１５年から２０１６年にかけて、経験豊富な幹部社員３人──１人はメキシコ、１人は南アフリカ、１人はギリシャ出身──が幹部チームに新たに合流しました。モリナスはこう回顧します。「３人合わせると20カ国以上の新興市場経験がチームに加わりました。アジア、ロシア、中東、南欧、アフリカ、ラテンアメリカなどです。南ア出身の人事部長は、ナミビアをはじめサハラ砂漠以南アフリカ全域に駐在した経験がありました。マーケティング担当者はベネズエラにいたことのある人でした。ベネズエラ市場の課題はウズベキスタンと共通点があります」。新メンバーの人選にあたっては、複数の国で新ポストと関連ある経験を積んでおり、モリナスがいま直面しているのと似たような状況に直面したことがある社員を選びました。

多様なバックグラウンドをもつ人々を集めると画期的ソリューションにつながることは、過去にも繰り返し実証されています。こうしたチームは、似たようなバックグラウンドをもつメンバーから成るチームよりも高パフォーマンスを上げるだけでなく、時とともに問題の本質を突き止めるのにも代替ソリューションを生み出すのにもますます熟達していきます。問題の本質を突き止め、深い理解の上に立ったイノベーティブなソリューションを生み出すこと。まさにモリナスのチームのような、ダイナミックな新興の脅威や外部からの脅威に直面したグローバルチームにとって必要なものです。

しかし、グローバルチームに必要なのは多様性だけではありません。チームワークをめぐる共通認識も必要です。モリナスのチームの新メンバーの1人は、新チームがうまく機能できたのは「誠実さ、人間味、政治よりもチームミッション遂行を重視するなどの基本的価値観が一致していたから」だと述懐します。結果として連携のとれた、異なる見解をぶつけ合って議論できるチームが生まれました。それが結局は、実効性のある解決策につながりました。モリナスは、メンバーたちがチームに満足し、新たな役割を得て成長し、自身のキャリアについて前向きに語る姿を目にしました。「メンバーの一部を他の国へ短期派遣することもできました。いまではその人たちはもっと重要なポストで頑張ってくれています」

幹部チームを結束するまでには大変な努力を要しました。モリナスは、しっかりした持論があり、戦略的思考に優れ、積極的に独創的意見を出したり同僚の独創的意見を評価したりする人材を選ぼうと努めました。「自分の判断には満足しています。でもそういう人材を選ぶということは、新チームを一つにまとめるためには並みならぬ努力が必要になるということでもあります」。元のメンバー8人のうち、残ったのは2人だけでした。メンバーの1人である品質保証部長は、多様性のある新チームでの経験をこう語ります。「多様性はいいものかって？　もちろんです！　でも多様性を導入するのは簡単かといったら、それはまた別問題ですね。各国から集まったいろんな人たちとのチームワークに慣れる必要がありました。多様性のあるチームは多様な視点をもてるという点ではいいのですが、同僚たちの仕事のやり方は自分たちのとは違います。トルコでは同僚とは仲よくやるのが普通で、攻撃的な態度はとりません。ボトラー相手でも関係づくりを重視します。幹部チームの新メンバーがトルコの文化や現実や仕事の流儀を理解するまでには、しばらく時間がかかるでしょうね」

品質保証部長の発言には、多様性のあるチームにおけるチームワークについて大事なポイントが含まれています。対立や生産的議論をどの程度辞さないかは、個々人の所属文化や性格によって違うということです。率直に意見をぶつけ合わせたがらないメンバーをサポートするため、部長はまず、メンバー同士が親交を深めるよう促しました。いったん親しくなると信頼関係ができるので、相手の気を悪くさせる心配なしに反論できるようになります。彼女はさらに外部コンサルタントを雇って、メンバー2人のコンサルティングをしてもらうことで効果を上げました。この2人は軍隊経験があることから上意下達スタイルの意思決定になじんでおり、コラボレーティブで反復的なチームプロセスには慣れていなかったのです。

旧チームの相対的同質性が認識の一致や効率性というダイナミクスを生んでいたのに対し、新チームは最終的には、率直な議論や話し合いや摩擦から成る健全なチームダイナミクスをつくり上げることに成功し、それがやがてはイノベーティブなソリューションにつながりました。モリナスは、多様な視点をもつメンバーが集まる自チームを国連に例えます。そして笑いながらこう言いました。「事業もチームダイナミクスも、前のチームよりはるかに健全になったと思います。健全化に向けた議論そのものも、前より活発です。そこが気に入っています」

## 行動せよ!

モリナスは、多様性のないチームを率いる限界については前々から感じていたものの、危機という外部からのショックに襲われたからこそ行動に踏み切れたと言います。さらに、危機があったからこそ、次なる危機に備えるべくただちに行動に出ることの大切さにも気づいたといいます。彼女の感想を紹介しましょう。

**何かがおかしいと気づいた瞬間に、問題を原子レベルにまで分解して原因を突き止め、確実に修復すべきだということを学びました。さもないと次々と問題が起こり、膨大な時間がムダになってしまいます。だから組織と事業の健康を守るためには、何かおかしいと感じたその瞬間に行動に出るべきです。**

多くのチームでは、まず取り組むべきはメンバー構成でしょう。危機に直面したグローバルチームの有効な適応能力の決め手となるのは、国籍、社会、文化、宗教、人種等の面で多様なバックグラウンドをもつ人材プールから生み出される、認知的に多様なアプローチです。適応とは、変動するビジネス環境で生き残るための絶えざる闘いです。そして適応に成功し、絶え間なく変動する市場で生き残っていくために必要な、クリエイティブな思考の源泉となるのが多様性なのです。各国市場で多彩な経験を積んできたチームメンバーなら、すでに適応スキルを備えています。メンバー自身、新たな仕事環境や、多種多様な市場や政治情勢その他のシナリオに適応してきた経験があるからです。

モリナスの幹部チームでは結局、知見をもたらしてくれたのは新メンバーたちでした。彼らは自分のこれまでの経験、特に各地の新興市場での経験を他のメンバーと共有し、それを現チームの担当市場に当てはめました。例えばロシア市場の経験があるメンバーは、中央アジアについての知見を提供してくれました。政治動乱やクーデターの歴史をもつベネズエラ市場を経験してきたメンバーは、トルコに応用できる知見を提供してくれました。ベネズエラは閉鎖経済なので、モリナス担当のウズベキスタン市場との共通点も多数あります。

新チームに支えられたモリナスは、全面的な中央集権体制への移行にも成功しました。危機勃発前までは彼女自身、中央集権には懐疑的だったのですが。トルコ担当ゼネラルマネジャーのポストを新設し、幹部チームの一員としました。中央アジアにもやはりゼネラルマネジャーを置きました。どちらのマネジャーも担当市場に近い地点にいるため、集めた知見を踏まえて迅速に行動に出ることができました。

複数市場で現チームと関連ある経験をしてきた人材を結集することで、リーダーもチームも、現担当市場について得た情報に即して行動できます。メンバーのもつ多様なスキルやバックグラウンドが、新たなビジネスモデル構築に向けたアイデア発想に必要な認知的多様性をもたらしてくれるからです。また、チームに多様な実務スキルがあれば、混沌とした経済情勢下で新たな成長カテゴリーや、コアビジネス以外の補完的事業を構築したいときの武器になります。多様性のあるチームが結束してうまく機能するようになるまでには、同質的チーム以上の努力が必要なのは確かです。しかし、多様性のあるチームならではの知見を活かすことで、目の前の課題を解決できるだけでなく将来のチャンスも開けます。

メンバー構成やリーダーの役割も重要ですが、それに劣らず重要なのがチームの稼働体制です。つまり展開地域において中央集権、分権、あるいは両者の混合のどの体制でやっていくかということです。この判断もチームプロセスを左右します。中央集権体制なら既存・潜在的な相乗効果が見えやすく、それが意思決定にも業務執行にもプラスになります。グローバルチームでは、オペレーションチームと密接なつながりを保つことでローカル市場についての知見を獲得し、得た知見を踏まえて迅速に行動に出ることが必須です。

## エピローグ――コロナ下のメキシコでのモリナス

私がモリナスと再会したのは2020年7月でした。その頃には、パンデミック勃発当初に大打撃を受けたマサチューセッツ州の新規感染者数は減っており、私の家の近所の店は営業を再開していたものの、米国内の感染者数はいまだ上昇を続けていました。モリナスはコカ・コーラ・メキシコ社の社長に就任していました。メキシコでも感染者数や死者数は増え続ける一方でした。私は、誰もが味わっているすさまじいショックにモリナスがどう対処しているのか知りたかったのです。イスタンブールで危機を経験したことで、グローバルなリモート化への心構えができていたのだろうか？　個人的にはどう対処しているのか？　社員や同僚のためにはどんな対策をとっているのか？

メキシコ社では、2020年3月17日に社員を在宅ワークへ移行させました。モリナスと同僚はまず、人類学者や社会学者とじっくり話し合って状況をフレーミングしました。みなが気持ちや行動のレベルでどんな体験をしているかを理解し、どの変化が一時的でどの変化が恒久的なのかを予測するためです。さらに、メキシコをはじめ世界各地の政治指導者がどういう対策をとるかも予測しようとしました。

しかし、最初の状況フレーミングでは大したことはできませんでした。モリナスは、今後どうなるかを正確に突き止めること、彼女の言葉を借りれば「運勢占い」に全時間を費やす気はなかったと言います。それよりも、世界的パンデミックのせいで「何もかもが混乱」していること、CEOだろうと新入社員だろうと、自信をもって先の見通しを立てられる人間などいないことを素直に認めた方が生産的だと気づきました。確実な見通しを求めるよりも、現時点でどういう選択肢があるか、それぞれの選択肢が日常業務にどういう影響を及ぼすかをはっきり見きわめることの方を重視しました。

新たな状況に適応すべく、モリナスはバーチャル・タウンホールミーティングを開きました。ミーティングの席では経営陣が社員からの質問に答え、組織心理学者にメンタルヘルス上の課題について講演してもらい、幹部らが状況を説明しました。1回30分間のミーティングを、社がリモート化した翌日から始めて58日間、毎日続けました。インタラクティブ性の高い文化ではとりわけ、毎日のタウンホールミーティングでのコミュニケーションが大切だというのがモリナスの感想です。コロナ以前には、彼女がメキシコの自社ビルの玄関から自分のオフィスにたどり着くまでに最低でも20分はかかりました。おきまりの挨拶やら抱擁やら、同僚の家族のことを尋ねるやらで時間をとられるからです。やがてタウンホールミーティングは、モリナスに言わせれば「全員にとっての対話と学習の場」となりました。

コロナ勃発後、モリナスと同僚はただちに行動に出ました。具体的には、危機の最初の100日間の経営指針となるべき5原則の策定です。第1の原則は「社員を最優先し、共感を大事に」で、「今日のマネジメントを通してより強く成長しよう」「システムとしての見解の一本化」などの内容を含むものでした。状況が変わるにつれて、第2の100日間の経営にふさわしい内容へと5原則を進化させていきました。メキシコ社では全タスクを50％合理化し、将来的により強い企業へと成長するために、今日マネジメントすべき重要プロジェクト16件を最優先事項と位置づけ、必須タスク遂行に向けて社内全体の方向性を一致させました。危機の真っただ中の4月には経営改革本部を設立し、予算や人材の配分の中央集権化に踏み切ります。さらに幹部チームメンバーの半数を入れ替え、3種の週次ミーティングを導入しました。意思決定フォーラム、投資委員会会合、それにプロジェクトリーダー向けコーチングセッションです。加えて今年度のリソースを重点化しベクトルを揃え、最優先事項の仮借なき遂行・達成に向けた戦略を立てました。

モリナスも最初のうちは、過去のあらゆる危機に対処してきたのと同じようにコロナという公衆衛生危機にも対処しようとしたそうです。通常の危機なら、過去の数々の危機に対処するうち身につけた「筋肉と古傷のおかげで」乗り切れる自信がありました。しかしあるとき、「覚醒」の瞬間が訪れました。いま起きていることはかつて自分が遭遇したどんな危機よりもはるかに「大規模かつ複雑」だと、衝撃とともに悟ったのです。「私にとっては貴重な経験でした。個人的に大きな影響を受けました」とモリナスは言います。最初私は、「貴重」という表現にひっかかりをおぼえました。普通は何か価値のあるものや珍しいものに使う言葉だからです。しかし「貴重」という表現は実は、異例なものやユニークなものにも使うことができます。メアリー・オリバー〔1935～2019。米国の詩人〕の名高い詩『夏の日』がいい例です。詩人は結びの行で、「一度しかない奔放で貴重な人生」をどう過ごすつもりなのか、と読者に問いかけます。考えれば考えるほど、モリナスの言葉選びは適切だと思えてきました。しっかりと目を開いて油断なく危機に向き合い、状況を可能な限り知的にフレーミングし、可能な限り迅速かつ最善な行動を取ること。それがリーダーにとってもチームメンバーにとっても、貴重な経験になるはずです。「革命」にあたる英語「レボリューション」には、ある物体が別の物体のまわりを周回するという意味もあります。リモート革命の渦中に立つ働き手同士が、互いに距離を隔てて周回しつつどんな関係性を築き上げていくか、リモート環境で得た貴重な経験をどう活かすかは、私たち一人一人にかかっています。

リモート環境で成功する――

## グローバル危機に備える

●**最新のグローバル情勢をスキャンしよう。** それがパノラマ的視野の形成への第一歩となります。各種の国際メディアを日々チェックすることで、グローバル情勢が自分の所属するローカル組織にどう影響するかを予測しやすくなります。

●**状況やリスクをフレーミングしよう。** グローバル情勢がもたらす諸課題が自チームに突きつける状況やリスクのフレーミングです。受け身で反応するのではなく、状況を知的に、かつクローズアップのポートレートモードでいくつもの角度からフレーミングし、実行しうるソリューションを考えましょう。

●**同僚や部下や専門家の意見を聞こう。** 現在進行中の危機にどう対応するのがベストか、将来の危機にどう備えるかについての知見を集めます。

◉**ただちに行動に出よう。**いまの時点で最善と思える危機対応戦略を策定したら即、行動に出ましょう。

◉**抜本的変革が必要になるかもしれないと覚悟しておこう。**危機には戦略的な対応が必要です。大がかりな組織再編成、リソースの再配分、リーダー陣の方向性を改めて一致させるなどの抜本的変革が必要になるかもしれないと心得ておきましょう。

## エクササイズ

本書で紹介した知見やベストプラクティスを、読者のみなさんのチームでも実践できるように、「エクササイズ」を用意しました。章ごとのエクササイズを通して各章の内容への理解を深め、反省や学びや実践をしていただけるようになっています。質問に答えていくうちにリモートワーク・センスが研ぎ澄まされ、自信をもって自チームにおけるローンチ・ミーティングの実施、信頼関係の構築、生産性の強化、デジタルツールの活用、アジャイル性の向上、メンバー間の違いを超えた連携、バーチャル環境でのリーダーシップ発揮、そしてグローバル危機への備えに取り組めるようになるはずです。質問やエクササイズには、本書の内容や自チームへの応用方法を話し合う中でチームの結束を強めていく、という目的もあります。決して読者のみなさんをテストするための質問ではありません！　みなさんにもぜひリモート環境で成功していただきたい、そのための質問です。

「エクササイズ」の活用のしかたはいろいろ考えられます。1章読み終えるごとにすぐにエクササイズに取り組むことで、情報を吸収し定着させるという方法もあります。みなさんが目下、直面している状況にもっとも関連の深いエクササイズから手をつけるという方法もあります。リーダーによっては、エクササイズをメンバー各人に送って記入してもらうというやり方をとる人もいます。その上で、デジタルメディア上でチームミーティングを開き、記載内容について話し合うのです。あるいはエクササイズをオンラインのコラボレーションツール上にアップし、メンバーに非シンクロで、匿名で書き込んでもらうやり方をとるリーダーもいます。エクササイズは1回やれば終わりではないこともお忘れなく。チームの置かれた状況が変わったら、その都度改めて取り組むとよいでしょう。

## 第1章 リモートチームを軌道に乗せるローンチ(リローンチ)・ミーティングの開き方

チームがリモート化するにあたっての最初の、最重要なステップ、つまりローンチ・ミーティングを乗り切るためのエクササイズです。ミーティングを組み立て、チームを軌道に乗せるための道しるべ、もっと正確にいえば「ローンチ・パッド［ロケット等の発射台］」として活用できます。正しいローンチ・ミーティングの主なポイントを押さえておきましょう。チーム目標を明確化する、チームのコミュニケーション規範を設ける、メンバー各人の果たす役割や抱える制約を理解する、必要なリソースを洗い出す、です。チームへのリーダーのコミットメントを伝えることも忘れないでください。

エクササイズにはローンチ・ミーティング時だけでなく、その後もリローンチ・ミーティングのたびごとに取り組んでください。第1章でも述べましたが、ローンチ・ミーティングをチームの進水式的なものと考え、1回限りで忘れ去ってしまっては意味がありません。ローンチやリローンチは、チーム、特にリモートチームが存続する限り行うべき継続的プロセスです。

**1　自チームの目標を記載してください。**

2　自チームにはどんなコミュニケーション規範がありますか。

3　リローンチ・ミーティングの機会に現行のコミュニケーション規範を改善するとしたら、どう改善すればいいと思いますか。表に記入してください。

| コミュニケーション規範の改善点 | 効果 |
| --- | --- |
| | |
| | |
| | |
| | |
| | |

## 4　チームメンバー各人の果たしている役割と抱えている制約を表に記入してください。

| メンバー名 | 役割 | 制約 |
|---|---|---|
| ジェニー | 勤続20年のベテラン社員で、社内事情に精通している。 | 大半のメンバーとは違うタイムゾーンに住み、リモート勤務中。 |
| | | |
| | | |
| | | |
| | | |
| | | |

5　チーム目標達成に必要なリソースを表に記入してください。それぞれのリソースが目標達成をどう推進するのか、どこで調達できるかも記載しましょう。

| リソース | 目標達成をどう推進するのか | 調達先 |
| --- | --- | --- |
| | | |
| | | |
| | | |

6　自分がチームリーダーだとして、ローンチ（リローンチ）・ミーティングを通じてリーダーのチームへのコミットメントを示す方法を三つ挙げてください。

以下は、リモートチームのメンバー間の信頼関係構築にまつわる主なコンセプト――信頼曲線、認知的な適度な信頼、認知的な迅速な信頼、感情的信頼、直接情報、反映情報――についてて考えてもらうためのエクササイズです。求められる信頼の種類や度合いは、個々のリモートチームの置かれた状況によって変わってきます。みなさんのリモートチームのメンバー間や対顧客関係ではどんな信頼が必要なのか、考えてみましょう。

**1　自チームの目標達成に必要な信頼レベルを判断するにあたって、信頼曲線をどう活用すればよいですか。具体的に記載してください。**

2 「迅速な信頼」と「適度な信頼」とはどう違うのでしょうか。自分のリモートチームを例に挙げて説明してください。

3 過去半年間に、あなたがリモートで感情的信頼関係を築いた相手を1人挙げてください。その人との信頼関係を表す発言や行動も挙げてください。

4　リモートチームメートについて「直接情報」を入手する方法を挙げてみましょう。それを知ることで相手の個性や行動規範についての理解を深められるような情報のことです。

5　リモートチームメートについて「反映情報」を入手する方法を挙げてみましょう。それを知ることで相手の目に映る自分の姿への理解を深め、相手の視点への共感を深められるような情報のことです。

6　リモート顧客と認知的、感情的信頼関係を築く方法を三つ挙げてみましょう。

## 第3章　リモートチームの生産性を上げるには

チームの生産性を正確に評価できる基準が三つあります。(1)「結果」を出しているか、(2)「個の成長」を促進できているか、(3)「チームの結束」を強化できているか、です。この3基準に照らしてリモートチームを評価してみたところ、コロケートチームと比べてマイナス評価になるかと思いきや、実は成績優秀であることが明らかになりました。以下のエクササイズはチームにとっては、自チームの生産性を正確に評価でき、盲点があれば明らかにでき、チームの結束も強化できるという効果があります。一方でリーダーにとっては、メンバー個々人の貢献を強化できるとともに、自分自身のリモート環境でのパフォーマンスも改善できるというメリットがあります。

**1　例を参考に、自チームがこれまでに出した結果を評価してみましょう。**

| 結果 | 期待どおりか（はい／いいえ） | 期待を上回ったか（はい／いいえ） | 詳しい説明 |
|---|---|---|---|
| 新たなオンラインアプリ | はい | はい | 顧客の基本的要望であった「プロジェクトデータの共有」に対応したほか、さらにユーザーフレンドリーな動的インターフェースへと刷新し、自然言語処理機能も追加した。 |
| 売上目標 | いいえ | いいえ | 目標額を16％下回った。 |
| | | | |
| | | | |
| | | | |
| | | | |

**2　リモートワーク体制は、現チームでのあなた自身の「個の成長」にとってどういうメリットがあると思いますか。**

**3　自チームの結束度を評価してみましょう。例を参考に、これまでに気がついた変化や、次にとりたいステップを表に記入してください。**

| チームの結束を示す例 | 生産性への影響 | 次のステップ |
|---|---|---|
| 小グループ別バーチャルミーティングの回数を倍にした。 | バーチャルチームメンバー間の緊張感が和らぎ、親近感が高まったように思われる。 | 毎日、メンバー間でバーチャルな現状確認をさせる。それでチームの結束がさらに強まるかどうか、1カ月後に再評価する。 |
| | | |
| | | |
| | | |

4　リモートチームのメンバーに自分もチームの一員だと感じてもらうために、あなたにできることはありますか。具体的に挙げてください。

5　あなたの自宅の在宅ワーク環境条件を挙げてください。それぞれの条件が自分の仕事満足度や生産性にどう影響していますか。

## 第4章　リモートワークでのデジタルツール活用法

デジタルツールはリモートチームワークを支えるインフラです。デジタルツールなしには、チーム内のコミュニケーションは困難どころかほぼ不可能です。しかし第4章で述べたように、一口にデジタルツールといってもそれぞれ違います。また、TPOが違えば必要なメディアも違ってきます。以下のエクササイズでは、みなさんのチームでデジタルツールを最大限活用しようとする際に考慮すべき、主なポイントを考えてみましょう。個々のメンバーにとっては、エクササイズに取り組むことで状況にふさわしいデジタルツールを選ぶ力がつくとともに、個々のメディア上でのコミュニケーション力が改善するというメリットがあります。一方でチームにとっては、エクササイズを通してメンバー間の知識共有とコラボレーションが促進されるという利点があります。

**1　最近、「テクノロジー疲れ」を経験したのはどんなときですか。今後またテクノロジー疲れが起きないようにするには、どういう点に気をつければよいと思いますか。**

2　対面コミュニケーションとデジタルコミュニケーションの主な違いは何だと思いますか。

3　チーム内で話し合って、社内で以下の各業務を遂行する際に最適なデジタルツールを決めましょう。例えば、シンクロ性の高い「リッチメディア」を要する調整作業にはビデオ会議が最適だ、など。

| | リッチメディア | リーンメディア |
|---|---|---|
| シンクロ | 1 調整作業<br>2 話し合い<br>3 コラボレーション<br>4 チームビルディング | 7 調整作業<br>8 情報交換 |
| 非シンクロ | 5 コンテンツ開発<br>6 チームメンバーの選抜 | 9 コンテンツ開発<br>10 情報交換<br>11 単純な調整作業<br>12 複雑な情報処理 |

4 チーム内での知識共有はうまくいっていますか。改善するにはどういう方法が考えられますか。

| | | | | | |
|---|---|---|---|---|---|
| 1 | 2 | 3 | 4 | 5 | 6 |
| 7 | 8 | 9 | 10 | 11 | 12 |

5　プライベート用のソーシャルメディアを通じてチームメートとコミュニケーションを取る場合の、メリットとデメリットを挙げてください。

## 第5章　アジャイルチームがリモート環境で活動するには

規模や歴史を異にするさまざまな組織でいま、リモートアジャイルチームが活躍しています。創業から1世紀余りを経た大手多国籍企業から、デジタル時代の申し子のようなハイテク新興企業までです。どの例も、「アジャイル型手法」と「リモートチーム」の結び付きから生まれる驚くべき相乗効果を物語るものです。以下のエクササイズの目的は、一連のステップをたどりながら両者の結び付きへの理解を深めていただくことにあります。具体的には、自チームとアジャイル思想との共通点を見出す。アジャイル型手法を自チームの目標に即した形で導入する。アジャイル型手法と自チームのリモートワーク体制とを両立させる具体的方法を突き詰める。両立を支える手段となるべきデジタルツールのより意識的な活用方法を検討する、という流れです。一歩進むごとにアジャイル思想への理解が深まり、自チームの置かれた状況に即した形でアジャイルを実践できるようになります。

**1　あなたのリモートアジャイルチームでは、リアルタイムの話し合いをスムーズに進めるため、非シンクロなコミュニケーションツールをどのように活用していますか。**

**2　アジャイル型手法はチームにとってどういうメリットがありますか。**

3　自チームのアジャイルプロセスを、リモートワーク体制を活かしてさらに改善する方法はありますか。具体例を二つ以上挙げてみましょう。

4　あなたのリモートアジャイルチームが関係者によりよい体験を提供する方法を考えてみましょう。具体的に記載してください。

## 第6章　グローバルチームが文化や言葉の違いを超えて成果を上げるには

以下のエクササイズでは、自分とチームメートの似ているところや違うところ、その違いからこれまでにどういうトラブルが起きたか、違いを乗り越えてチームとしてのアイデンティティを築くためにはどういう具体的規範が必要かなどを考えていきます。個々のメンバーにとっては、エクササイズを通してチームメートとの心理的距離を縮めることができるというメリットがあります。一方でチームにとっては、エクササイズを通してチームとしてのアイデンティティがより強固になり、チームの結束とコラボレーションが強まる効果が期待できます。

**1　チームの「一体感」を生み出し、チームとしてのアイデンティティを築くにはどんな方法がありますか。**

2　所属するグローバルな分散型チームで、自分にとってなじみのない信条や規範に遭遇したことはありますか。どんな信条や規範でしたか。

3　自分と違う文化的バックグラウンドをもつチームメートと、共通の土俵があると感じた経験はありますか。どんな経験ですか。

4　チームメートからどんなことを学びたいですか。自分がチームメートに教えてあげられそうなことはどんなことですか。

5　過去1カ月間に、チームの共通語のネイティブスピーカーや非ネイティブスピーカーとのやりとりで大変な思いをした経験はありますか。なぜ大変だったのですか。相手にとっても大変だったとすれば、それはなぜでしょうか。

## 第7章　リモートチームのリーダーが知っておくべきこと

第7章で述べた諸課題を乗り切るためには、本来は対面で使うリーダーシップツールをバーチャル環境へ応用すること、コロケートチームでなら自然に発生するはずのチームワーク実現に向けて意識的に基盤づくりをすることが必要になります。以下は、リモート環境向けのリーダーシップツールを強化するためのエクササイズです。目的は、上下関係や地理的隔たりや文化の違い等から発生した「断層」がチームに悪影響を及ぼすのを防ぎ、個々のメンバーのポテンシャルを最大限に引き出し、チーム目標に向けてチームを結束することにあります。

**1　「コロケートチームのリーダーシップ」と「バーチャルチームのリーダーシップ」の主な違いは何だと思いますか。**

2 あなたのチームでは、メンバー間の上下関係はどんな形で現れますか。また、上下関係を最小限にとどめるためにできることを三つ挙げてください。

3 リーダーであるあなたのリモートでの存在感は、メンバーにどう評価されていると思いますか。改善点があるとすればどういうところですか。

4 個々のメンバーのもつ得意分野で、チーム目標達成に寄与しそうなものを表に記入してください。

| メンバー名 | 得意分野 |
| --- | --- |
| | |

5　チーム内に断層はありますか。その断層はチームにどんな悪影響を及ぼしそうですか。

| 断層 | チームへの影響 |
| --- | --- |
| | |

# 第8章　リモートチームがグローバル危機に備えるには

チームが危機下でも成果を上げられるかどうかは、「パノラマ的視野」「今後の展開をいち早く予測」「ただちに行動」という三つのスキルにかかっています。以下のエクサイズでは、自チームがＶＵＣＡ環境下でどんな立場に立たされているか、前述の三つのスキルをどう活かせば自チーム特有の課題と真っ向から取り組めるかを考えてみましょう。第8章で紹介したコンセプトを、あなたのリモートチーム特有の状況に当てはめてみてください。

1　自チームがＶＵＣＡ環境において直面する課題にはどんなものがありますか。

2　ＶＵＣＡ環境の諸課題に対応するにあたって、チームメートの多様性がどういう形で役立ちますか。

3　自チームが「原産国効果」の影響を受けるとすれば、どういうケースが考えられますか。

4　自チームはグローバル危機に対してどの程度備えができていますか。

5　危機に直面したとき自チームがパノラマ的視野をもてるか、いち早く予測ができるか、ただちに行動できるかを評価してみましょう。可能なら具体例も挙げてください。

| パノラマ的視野 | いち早く予測 | ただちに行動 |
| --- | --- | --- |
| | | |

# 謝辞

　これまでの研究生活を通して、幸運にも各界のさまざまな方々にご協力をいただいてきました。いまから20年前に私は、これからはテクノロジーが仕事のあり方を大きく左右するだろうと確信しました。その思いに導かれてスタンフォード大経営工学科の博士課程に入り、仕事・テクノロジー・組織の交錯点の研究に打ち込むすばらしい人々に囲まれて学びました。デジタルテクノロジーが各種の境界を超えて仕事を円滑化する方法の研究基盤を築き、私を含めた学者世代に道を開いてくれたスティーブ・バーリー、ボブ・サットン、パム・ハインズ、ダイアン・ベイリーに一生感謝します。

　リモートワークやグローバルワークは何十年も前から着実に発展しつつあったとはいえ、大規模なパンデミックがその普及をこれほど広範に、しかもこれほどの速さで推し進めることになろうとは想像だにしませんでした。リモートワークの規模・範囲が全世界へと広がった結果、数えきれないほどの一般社員や管理職にとって、国境を越えたコラボレーションが必須となりました。私は長年にわたって数多くの学問的パートナーに恵まれてきました。彼らは本書に掲げた概念や枠組みやベストプラクティスの構築に尽力してくれました。貴重な知見を与えてくれたエイミー・バーンスタイン、ロビン・イーリー、フランセス・フレイ、ビル・ジョージ、リンダ・ヒル、カリム・ラクハニ、ポール・レオナルディ、ジェイ・ロルシュ、ニティン・ノーリア、ジェフ・ポルザー、ラクシュミ・ラマラジャン、カイル・イーに特に感謝します。本書の研究開発に多大な貢献をしてくれたジョン・ポール・ヘイガン、カレン・プロップ、JT・ケラー、パトリック・サンギネティにも特に感謝します。また、本書執筆に向けて寛大にも多大なリソースを提供してくださったハーバード・ビジネス・スクールに感謝します。

両親にはずっと助けられてきました。両親の知恵に匹敵するものは、彼らの無条件の支えだけです。両親の卓見と励ましに感謝します。夫ローレンスへの感謝は、言葉では言い表せないほどです。精神的にも学問的にも、これ以上のパートナーは望めません。私がバランスのとれた思考ができるのは、夫の人並み外れて分析的な思考と心優しさのおかげです。リモート環境でリモートワークについて執筆しつつロックダウン生活を共にしたいと思う相手は、夫以外にはいません。

本書の内容と精神を即座に理解してくれたハーパーコリンズ社の担当編集者、ホリス・ハイムバウチに、そして絶好のタイミングで本書の執筆を勧めてくれたエージェントのジュリア・イーグルトンに感謝します。

最後に、20年近くにわたってバーチャルワークやグローバルワークについての経験や知見や不安や期待や関心事をシェアしてくださった何千という方々に感謝します。本書で述べたような現象を理解しようと思ったら、現場で第一線に立つ人々の実体験を通じて理解するしかないからです。経験談を託してくださった多くの方々に感謝します。本書が彼らの気前のよい貢献を無にすることなく、すべての人がリモート環境で成功するための一助となることを心から願っています。

# 索引

注:アミ掛けのページ番号は図表中の用語を指します。

## [数字]



## [C〜V]



## [ア行]

## [カ行]

## [サ行]

## [タ行]

## ［ナ行］

## [ハ行]

## [マ行]

## [ヤ行]



## [ラ行]

## ［ワ行］

# 参考文献

## ❖—第1章　リモートチームを軌道に乗せる　ローンチ(リローンチ)・ミーティングの開き方


26　チームの成果の60％は……: J. Richard Hackman, *Collaborative Intelligence: Using Teams to Solve Hard Problems* (Oakland: Berrett-Koehler, 2011), 155.

26　ハックマンの言葉を借りれば、ローンチ・ミーティングとは……: Ruth Wageman, Colin M. Fisher, and J. Richard Hackman, "Leading Teams When the Time Is Right: Finding the Best Moments to Act," *Organizational Dynamics* 38, no. 3 (2009): 194.

27　チームワークの四つの基本条件: Wageman, Fisher, and Hackman, "Leading Teams," 193–203.

28　ローンチ・ミーティングの最大の目標が……: Wageman, Fisher, and Hackman, "Leading Teams."

32　メンバーが同時に他のチームにも所属: John Mathieu, M. Travis Maynard, Tammy Rapp, and Lucy Gilson, "Team Effectiveness 1997–2007: A Review of Recent Advancements and a Glimpse Into the Future," *Journal of Management* 34, no. 3 (2008): 410–76.

32　1人が複数のチームに所属: Michael B. O'Leary, Anita W. Woolley, and Mark Mortensen, "Multiteam Membership in Relation to Multiteam Systems," in *Multiteam Systems: An Organization Form for Dynamic and Complex Environments*, ed. Stephen J. Zaccaro, Michelle A. Marks, and Leslie DeChurch (New York: Routledge, 2012), 141–72.

33　別の業務に関わっている: Mark Mortensen and Martine R. Haas, "Perspective—Rethinking Teams: From Bounded Membership to Dynamic Participation," *Organization Science* 29, no. 2 (2018): 341–55.

39　ミーティング終了後も、議題に関連したやりとりが……: Alex Pentland, "The New Science of Building Great Teams," *Harvard Business Review* 90 (April 2012): 60–69.「コミュニケーション形態を可視化するチームづくりの科学」アレックス・サンディ・ペントランド著、有賀裕子訳、『Diamondハーバード・ビジネス・レビュー』誌2012年37巻9号pp.32–47

41　仕事上の意見の対立は……: Mark Mortensen and Pamela J. Hinds, "Conflict and Shared Identity in Geographically Distributed Teams," *International Journal of Conflict Management* 12, no. 3 (2001): 212–38.

42　心理的安全性を欠くチームでは……: Amy C. Edmondson, *The Fearless Organization: Creating Psychological Safety in the Workplace far Learning, Innovation, and Growth* (Hoboken, NJ: John Wiley & Sons, 2019).『恐れのない組織:「心理的安全性」が学習・イノベーション・成長をもたらす』エイミー・C・エドモンドソン著、野津智子訳、英治出版、2021年

43　リモートワーカーが仕事の中で孤独を感じ……: Timothy D. Golden, John F. Veiga, and Richard N. Dino, "The Impact of Professional Isolation on Teleworker Job Performance and Turnover Intentions: Does Time Spent Teleworking, Interacting Face-to-Face, or Having Access to Communication-Enhancing Technology Matter?," *Journal of Applied Psychology* 93, no. 6 (2008): 1412–21.


## ❖—第2章　リアルで会う機会がほぼない同僚と信頼関係を築くには


51　社会科学でいう「信頼」とは: Daniel J. McAllister, "Affect- and Cognition-Based Trust as

Foundations for Interpersonal Cooperation in Organizations," *Academy of Management Journal* 38, no. 1 (1995): 24–59.

52 どうすれば同僚の体調や精神状態を気にかけるように……: Roy Y. J. Chua, Michael W. Morris, and Shira Mor, "Collaborating Across Cultures: Cultural Metacognition and Affect-Based Trust in Creative Collaboration," *Organizational Behavior Human Decision Processes* 118, no. 2 (2012): 116–31.

54 「適度な信頼(passable trust)」: Tsedal Neeley and Paul M. Leonardi, "Enacting Knowledge Strategy Through Social Media: Passable Trust and the Paradox of Non-Work Interactions," *Strategy Management Journal* 39, no. 3 (2018): 922–46.

54 社会科学にはもう一つ、「迅速な信頼(swift trust)」という概念もあります: Brad C. Crisp and Sirkka L. Jarvenpaa, "Swift Trust in Global Virtual Teams: Trusting Beliefs and Normative Actions," *Journal of Personnel Psychology* 12, no. 1 (2013): 45.

55 「迅速な信頼」条件下にあるメンバーは……: Crisp and Jarvenpaa, "Swift Trust," 45–56.

58 チームにおける信頼には……: P. Christopher Earley and Cristina B. Gibson, *Multinational Work Teams: A New Perspective* (Mahwah, NJ: Lawrence Erlbaum, 2002).

58 「感情的信頼」の基盤となるのは……: Daniel J. McAllister, "Affect- and Cognition-Based Trust as Foundations for Interpersonal Cooperation in Organizations," *Academy of Management Journal* 38, no. 1 (1995): 24–59.

59 認知的信頼曲線: Mijnd Huijser, *The Cultural Advantage: A New Model for Succeeding with Global Teams* (Boston: Intercultural Press, 2006).

64 ジェロームは、チームで一つのことを成し遂げたと……: ジェロームのエピソードは、グローバルなバーチャルチームにおける「信頼」をテーマにした複数の記述的ケーススタディをもとに構成しました。Sirkka L. Jarvenpaa and Dorothy E. Leidner, "Communication and Trust in Global Virtual Teams," *Organization Science* 10, no. 6 (1999): 791–815. 同論文はバーチャルチームにおける「迅速な信頼」概念に関する初めての論考で、引用回数も最多です。

65 時間をかけた関係づくりを重視する人にとっては……: Norhayati Zakaria and Shafiz Affendi Mohd Yusof, "Can We Count on You at a Distance? The Impact of Culture on Formation of Swift Trust Within Global Virtual Teams," in *Leading Global Teams: Translating Multidisciplinary Science to Practice*, eds. Jessica L. Wildman and Richard L. Griffith (New York: Springer, 2015), 253–68.

65 任務遂行という目的のもとに結成されたチームには……: Debra Meyerson, Karl E. Weick, and Roderick M. Kramer, "Swift Trust and Temporary Groups," in *Trust in Organizations*, eds. Roderick M. Kramer and Tom R. Tyler (Thousand Oaks, CA: Sage, 1996), 166–95.

65 透明性、つまり情報のオープンな共有: D. Sandy Staples and Jane Webster, "Exploring the Effects of Trust, Task Interdependence and Virtualness on Knowledge Sharing in Teams," *Info Systems Journal* 18, no. 6 (2008): 617–40.

66 各地に分散した、結成したばかりのチームにおいて……: Lucia Schellwies, *Multicultural Team Effectiveness: Emotional Intelligence as Success Factor* (Hamburg: Anchor Academic Publishing, 2015).

69 自分の職場のローカル規範を客観視することで……: Mark Mortensen and Tsedal Neeley, "Reflected Knowledge and Trust in Global Collaboration," *Management Science* 58, no. 12 (2012): 2207–24.

71 受け手にとって意味をもつ自己開示要素には……: Paul C. Cozby, "Self-Disclosure: A Literature Review," *Psychological Bulletin* 79, no. 2 (1973): 73–91; Valerian J. Derlega, Barbara A. Winstead, and Kathryn Greene, "Self-Disclosure and Starting a Close Relationship," in *Handbook of Relationship Initiation*, eds. Susan Sprecher, Amy Wenzel,

and John Harvey (New York: Psychology Press, 2008), 153–74; Kathryn Greene, Valerian J. Derlega, and Alicia Mathews, "Self-Disclosure in Personal Relationships," in *The Cambridge Handbook of Personal Relationships*, eds. Anita L. Vangelisti and Daniel Perlman (Boston: Cambridge University Press, 2006), 409–27.

## ❖—第3章　リモートチームの生産性を上げるには

84 パソコンにソフトをインストールするだけではなく……: Bobby Allyn, "Your Boss Is Watching You: Work-From-Home Boom Leads to More Surveillance," *NPR: All Things Considered* (blog), May 13, 2020, https://www.npr.org/2020/05/13/854014403/your-boss-is-watching-you-work-from-home-boom-leads-to-more-surveillance.

86 その社長はすぐさまデジタル監視ツールを導入: Chip Cutter, Te-Ping Chen, and Sarah Krouse, "You're Working from Home, but Your Company Is Still Watching You," *Wall Street Journal*, April 18, 2020, https://www.wsj.com/articles/youre-working-from-home-but-your-company-is-still-watching-you-11587202201?mod=searchresults&page=2&pos=18.

87 監視ツールの視線にさらされた従業員は……: Clive Thompson, "What If Working from Home Goes on ... Forever?," *New York Times*, June 9, 2020, https://www.nytimes.com/interactive/2020/06/09/magazine/remote-work-covid.html.

87 アンケートによれば、ミレニアル世代……: "The Deloitte Global Millennial Survey 2020," Deloitte, June 2020, https://www2.deloitte.com/global/en/pages/about-deloitte/articles/millennialsurvey.html#infographic.

89 チームの成功度をはかる次の三つの基準: J. Richard Hackman, *Leading Teams: Setting the Stage for Great Performances* (Boston: Harvard Business School Press, 2002).『ハーバードで学ぶ「デキるチーム」5つの条件：チームリーダーの「常識」』J・リチャード・ハックマン著、田中滋訳、生産性出版、2005年

93 同社の発表によれば、リモート化のおかげで……: *Work-Life Balance and the Economics of Workplace Flexibility*, prepared by the Council of Economic Advisers (Obama Administration), Executive Office of the President (Washington, D.C., March 2010), https://obamawhitehouse.archives.gov/files/documents/100331-cea-economics-workplace-flexibility.pdf.

93 サン・マイクロシステムズ社は……: Tsedal Neeley and Thomas J. DeLong, *Managing a Global Team: Greg James at Sun Microsystems Inc. (A)*. Harvard Business School Case No. 409-003 (Boston: Harvard Business School Publishing, July 2008).

96 ある経済学者グループが……: Nicholas Bloom, James Liang, John Roberts, and Zhichun Jenny Ying, "Does Working from Home Work? Evidence from a Chinese Experiment," *Quarterly Journal of Economics* 130, no. 1 (2015): 165–218.

99 アウトプットが4.4%高いという結果: Prithwiraj (Raj) Choudhury, Cirrus Foroughi, and Barbara Larson, "Work-from-Anywhere: The Productivity Effects of Geographic Flexibility," *Academy of Management Proceedings*, (2020, forthcoming): 1–43.「働き方の未来を考える　リモートワークで組織の生産性を高める方法」プリトラージ・チョードゥリー著、渡部典子訳、『ハーバード・ビジネス・レビュー』誌2021年46巻2号pp.88–101

101 大手電気通信会社の社員を対象に行われた、ある継続的アンケート調査: Donna Weaver McCloskey, "Telecommuting Experiences and Outcomes: Myths and Realities" in *Telecommuting and Virtual Offices: Issues and Opportunities*, ed. Nancy J. Johnson (Hershey, PA: Idea Group, 2011), 231–46.

102 ただしこうした効果は……: Timothy D. Golden, "Avoiding Depletion in Virtual Work:

Telework and the Intervening Impact of Work Exhaustion on Commitment and Turnover Intentions," *Journal of Vocational Behavior* 69, no. 1 (2006): 176–87.

102 自分の仕事を自分でコントロールできている……: Ellen Ernst Kossek, Brenda A. Lautsch, and Susan C. Eaton, "Telecommuting, Control, and Boundary Management: Correlates of Policy Use and Practice, Job Control, and Work-Family Effectiveness," *Journal of Vocational Behavior* 68, no. 2 (2006): 347–67.

106 勤務時間がフレキシブルになり……: David G. Allen, Robert W. Renn, and Rodger W. Griffeth, "The Impact of Telecommuting Design on Social Systems, Self-Regulation, and Role Boundaries," *Research in Personnel and Human Resources Management* 22 (2003): 125–63.

107 リモートチームでも、生産的なチームワークはできる: Stefanie K. Johnson, Kenneth Bettenhausen, and Ellie Gibbons, "Realities of Working in Virtual Teams: Affective and Attitudinal Outcomes of Using Computer-Mediated Communication," *Small Group Research* 40, no. 6 (2009): 623–49.

108「仕事上の孤独感」: Timothy D. Golden, John F. Veiga, and Richard N. Dino, "The Impact of Professional Isolation on Teleworker Job Performance and Turnover Intentions: Does Time Spent Teleworking, Interacting Face-to-Face, or Having Access to Communication-Enhancing Technology Matter?," *Journal of Applied Psychology* 93, no. 6 (2008): 1416.

108 近年の研究の結果: Nick Tate, "Loneliness Rivals Obesity, Smoking as Health Risk," WebMD, May 4, 2018, https://www.webmd.com/balance/news/20180504/loneliness-rivals-obesity-smoking-as-health-risk.

110 リモートワークと業務パフォーマンスの間に負の相関関係はない: Timothy D. Golden and Ravi S. Gajendran, "Unpacking the Role of a Telecommuter's Job in Their Performance: Examining Job Complexity, Problem Solving, Interdependence, and Social Support," *Journal of Business and Psychology* 34 (2019): 55–69.

110 一部の仕事については……: Cynthia Corzo, "Telecommuting Positively Impacts Job Performance, FIU Business Study Reveals," *BizNews.FIU.Edu* (blog), February 20, 2019, https://biznews.fiu.edu/2019/02/telecommuting-positively-impacts-job-performance-fiu-business-study-reveals/.

110 クリエイティブな問題解決型業務については……: Ronald P. Vega and Amanda J. Anderson, "A Within-Person Examination of the Effects of Telework," *Journal of Business and Psychology* 30 (2015): 319.

## ❖—第4章　リモートワークでのデジタルツール活用法

114 彼はその何十年も前から……: Tsedal Neeley, J. T. Keller, and James Barnett, *From Globalization to Dual Digital Transformation: CEO Thierry Breton Leading Atos Into "Digital Shockwaves" (A)*. Harvard Business School Case No. 419–027 (Boston: Harvard Business School Publishing, April 2019).

114「発生する膨大なデータが……」: David Burkus, "Why Banning Email Works (Even When It Doesn't)," *Inc.*, July 26, 2017, https://www.inc.com/david-burkus/why-you-should-outlaw-email-even-if-you-dont-succe.html.

115 社内メールに代わって導入されたのが……: Max Colchester and Geraldine Amiel, "The IT Boss Who Shuns Email," *Wall Street Journal*, November 28, 2011, https://www.wsj.com/articles/SB10001424052970204452104577060103165399154.

115 彼の大胆な構想によって……: Burkus, "Banning Email."

122 なぜ、相互知識問題が……: Catherine Durnell Cramton, "The Mutual Knowledge Problem and Its Consequences for Dispersed Collaboration," *Organization Science* 12, no. 3 (2001), 346–71.
124 社会科学でいう「社会的存在感……: John Short, Ederyn Williams, and Bruce Christie, *The Social Psychology of Telecommunications* (London: Wiley, 1976).
127 必ずリッチメディアとリーンメディアの話が……: Richard L. Daft and Robert H. Lengel, "Organizational Information Requirements, Media Richness, and Structural Design," *Management Science* 32, no. 5 (1986): 554–71.
128 コミュニケーションは「伝達」と……: Alan R. Dennis, Robert M. Fuller, and Joseph S. Valacich, "Media, Tasks, and Communication Processes: A Theory of Media Synchronicity," *MIS Quarterly* 32, no. 3 (2008): 575–600.
130 前述の研究をさらに一歩進めた研究者グループ: Jolanta Aritz, Robyn Walker, and Peter W. Cardon, "Media Use in Virtual Teams of Varying Levels of Coordination," *Business and Professional Communication Quarterly* 81, no. 2 (2018): 222–43; Dennis, Fuller, and Valacich, "Media, Tasks."
132 交渉や意思決定をしようとすると……: Roderick I. Swaab, Adam D. Galinsky, Victoria Medvec, and Daniel A. Diermeier, "The Communication Orientation Model Explaining the Diverse Effects of Sight, Sound, and Synchronicity on Negotiation and Group Decision-Making Outcomes," *Personality and Social Psychology Review* 16, no. 1 (2012): 25–53.
132 チームのダイナミクスやこれまでの経緯も考慮: Swaab et al., "Communication Orientation Model."
133 「存在感意識……: Arvind Malhotra and Ann Majchrzak, "Enhancing Performance of Geographically Distributed Teams Through Targeted Use of Information and Communication Technologies," *Human Relations* 67, no. 4 (2014): 389–411.
134 あるとすれば、それはまさに: Paul M. Leonardi, Tsedal B. Neeley, and Elizabeth M. Gerber, "How Managers Use Multiple Media: Discrepant Events, Power, and Timing in Redundant Communication," *Organization Science* 23, no. 1 (2012): 98–117. あるメッセージを繰り返しコミュニケーションとみなすためには、メッセージに含まれている情報が最初のメッセージの情報と同一であることが必要です。2度目のメッセージが、新情報や受信者に対する新たな要求を含んでいないことがポイントです。言い換えれば、1度目のメッセージに含まれていなかった新情報を提示していないことが条件となります。「さっきも言ったように」や「思い出してください」等、1度目のメッセージでは使っていなかった、かつ1度目のメッセージとのつながりを示唆する表現を使っていても、それは新情報とはみなしません。このときの調査では、2度目のメッセージが1度目のメッセージ中の情報のおおよそ80%以上を含んでいれば繰り返しコミュニケーションとみなしました。その場合は両メッセージを併せて1個の繰り返しコミュニケーションとみなしてコード化しました。たとえばマネジャーがチームメンバーのひとりに電話して、報告書に挿入すべき数値を知らせたとして、その後マネジャーが同じメンバーに同じ数値をメールで送信したら、その一連の行動を1個の繰り返しコミュニケーション・エピソードとみなして「電話→メール」というコードをつけて分類しました。
140 信頼関係を強化し、チームの一体感を促進: Pnina Shachaf, "Cultural Diversity and Information and Communication Technology Impacts on Global Virtual Teams: An Exploratory Study," *Information & Management* 45, no. 2 (2008): 131–42.
140 これに対してリーンメディアは: Anders Klitmøller and Jakob Lauring, "When Global Virtual Teams Share Knowledge: Media Richness, Cultural Difference and Language Commonality," *Journal of World Business* 48, no. 3 (2013): 398–406.
140 ある文化では当たり前で適切……: Norhayati Zakaria and Asmat Nizam Abdul Talib, "What

Did You Say? A Cross-Cultural Analysis of the Distributive Communicative Behaviors of Global Virtual Teams," 2011 International Conference on Computational Aspects of Social Networks (CASoN) (2011): 7–12.
142 現代生活の一つの特徴は: Tsedal B. Neeley and Paul M. Leonardi, "Enacting Knowledge Strategy through Social Media: Passable Trust and the Paradox of Non-Work Interactions," *Strategic Management Journal* (in press).

## ❖—第5章　アジャイルチームがリモート環境で活動するには

153 ソフトウェア開発の新手法: Kent Beck, Mike Beedle, Arie van Bennekum, Alistair Cockburn, et al., "Manifesto for Agile Software Development," 2001, https://agilemanifesto.org/.「アジャイルソフトウェア開発宣言」ケント・ベック、マイク・ビードル、アリエ・ファン・ベネカム、アリスター・コーバーンほか著、訳はアジャイルソフトウェア開発宣言(agilemanifesto.org)による
153 「塹壕戦は過去のものとなったが……」: Jeff Sutherland and J. J. Sutherland, *Scrum: The Art of Doing Twice the Work in Half the Time* (New York: Crown, 2014), 6.『スクラム：仕事が4倍速くなる"世界標準"のチーム戦術』ジェフ・サザーランド著、石垣賀子訳、早川書房、2015年
156 高度の自律性(オートノミー)と……: Stephen Denning, *The Age of Agile: How Smart Companies Are Transforming the Way Work Gets Done* (New York: Amacom, 2018).
158 「情報を伝えるもっとも効率的で効果的な方法は……」: Beck et al., "Manifesto."「アジャイルソフトウェア開発宣言」(同上)
158 対面で会話してこそいっそうアジャイルになれる: Subhas Misra, Vinod Kumar, Uma Kumar, Kamel Fantazy, and Mahmud Akhter, "Agile Software Development Practices: Evolution, Principles, and Criticisms," *International Journal of Quality & Reliability Management* 29, no. 9 (2012): 972–80.
158 対面のやりとりが基本とされてきました: Sutherland and Sutherland, Scrum.『スクラム：仕事が4倍速くなる"世界標準"のチーム戦術』(同上)
160 最後に、経営陣や社外関係者から成る……: Alesia Krush, "5 Success Stories That Will Make You Believe in Scaled Agile," *ObjectStyle* (blog), January 13, 2018, https://www.objectstyle.com/agile/scaled-agile-success-story-lessons.
161 その結果、研究開発チームの……: Paul LaBrec and Ryan Butterfield, "Using Agile Methods in Research," *Inside Angle* (blog), 3M Health Information Systems, June 28, 2016, https://www.3mhisinsideangle.com/blog-post/using-agile-methods-in-research/.
162 NPRは大幅なコスト削減と……: Hrishikesh Bidwe, "4 Examples of Agile in Non-Technology Businesses," Synerzip, May 23, 2019, https://www.synerzip.com/blog/4-examples-of-agile-in-non-technology-businesses/.
162 最高のネットプロモータースコア: Andrea Fryrear, "Agile Marketing Examples & Case Studies," AgileSherpas, July 9, 2019, https://www.agilesherpas.com/agile-marketing-examples-case-studies/.
163 同行ではアジャイルを実施したことで……: William R. Kerr, Federica Gabrieli, and Emer Moloney, *Transformation at ING (A): Agile*. Harvard Business School Case 818-077 (Boston: Harvard Business School Publishing, revised May 2018).
168 「生まれながらにして」アジャイルなのがアップフォリオ社: Tsedal Neeley, Paul Leonardi, and Michael Norris, *Eric Hawkins Leading Agile Teams @ Digitally-Born AppFolio (A)*. Harvard Business School Case 419-066 (Boston: Harvard Business School Publishing, revised February 2020).

## ❖—第6章　グローバルチームが文化や言葉の違いを超えて成果を上げるには

195 タリク・カーンは……: Tsedal Neeley, *(Re)Building a Global Team: Tariq Khan at Tek.* Harvard Business School Case 414-059 (Boston: Harvard Business School Publishing, revised November 2015).

200 ドイツの先進的な社会学者ゲオルク・ジンメル: Georg Simmel, "The Stranger," in *The Sociology of Georg Simmel* (Glencoe, IL: Free Press, 1950), 402–8.『社会学：社会化の諸形式についての研究』ゲオルク・ジンメル著、居安正訳、白水社、2016年

204 いかにして言語が生む分裂を最小限にとどめ……: Tsedal Neeley, *The Language of Global Success: How a Common Tongue Transforms Multinational Organizations* (Princeton, NJ: Princeton University Press, 2017).『英語が楽天を変えた』セダール・ニーリー著、栗木さつき訳、河出書房新社、2018年

207 コミュニケーションルール: Adapted from Tsedal Neeley, "Global Teams That Work," *Harvard Business Review* 93, no. 10 (2015), 74–81.

## ❖—第7章　リモートチームのリーダーが知っておくべきこと

227 リーダーシップとはリーダーの存在によって部下をエンパワーすること: Frances Frei and Anne Morriss, *Unleashed: The Unapologetic Leader's Guide to Empowering Everyone Around You* (Boston: Harvard Business School Press, 2020).

231 個々人の勤務地:本書でいう「チーム構造（team structure）」は、チームの物理的配置を指します。ただし一般のチームワーク関連文献では「チーム構造」はより広義の概念で、業務の割り振り、権限、役割・責任、規範、コミュニケーションパターンなども含みます。Greg L. Stewart and Murray R. Barrick, "Team Structure and Performance: Assessing the Mediating Role of Intrateam Process and the Moderating Role of Task Type," *Academy of Management Journal* 43, no. 2 (2000): 135–48; Daniel R. Ilgen, John R. Hollenbeck, Michael Johnson, and Dustin Jundt, "Teams in Organizations: From Input-Process-Output Models to IMOI Models," *Annual Review of Psychology* 56 (2005): 517–43を参照。.

231 「配置（コンフィギュレーション）」とは: Michael Boyer O'Leary and Jonathon N. Cummings, "The Spatial, Temporal, and Configurational Characteristics of Geographic Dispersion in Teams," *MIS Quarterly* 31, no. 3 (2007): 433–52; Michael B. O'Leary and Mark Mortensen, "Go (Con)figure: Subgroups, Imbalance, and Isolates in Geographically Dispersed Teams," *Organization Science* 21, no. 1 (2010): 115–31.

232 意外に思われるかもしれませんが……: David J. Armstrong and Paul Cole, "Managing Distances and Differences in Geographically Distributed Work Groups," in *Distributed Work,* eds. Pamela Hinds and Sara Kiesler (Cambridge, MA: MIT Press, 2002), 167–86.

233 単独勤務者は多数派に脅威を感じ……: Jeffrey T. Polzer, C. Brad Crisp, Sirkka L. Jarvenpaa, and Jerry W. Kim, "Extending the Faultline Model to Geographically Dispersed Teams: How Colocated Subgroups Can Impair Group Functioning," *Academy of Management Journal* 49, no. 4 (2006): 679–92.

234 同じ調査の結果、自分たちは……: Paul M. Leonardi and Carlos Rodriguez-Lluesma, "Occupational Stereotypes, Perceived Status Differences, and Intercultural Communication in Global Organizations," *Communication Monographs* 80, no. 4 (2013): 478–502.

235 研究者によれば断層とは: Dora C. Lau and J. Keith Murnighan, "Demographic Diversity and Faultlines: The Compositional Dynamics of Organizational Groups," *Academy of Management Review* 23, no. 2 (1998): 325–40.

236 亀裂が広がるにつれて、断層がきっかけでトラブルが起きる: Katerina Bezrukova, Karen A. Jehn, Elaine L. Zanutto, and Sherry M. B. Thatcher, "Do Workgroup Faultlines Help or Hurt? A Moderated Model of Faultlines, Team Identification, and Group Performance," *Organization Science* 20, no. 1 (2009): 35–50.

237 私は同僚2人と共に: Pamela J. Hinds, Tsedal Neeley, and Catherine Durnell Cramton, "Language as a Lightning Rod: Power Contests, Emotion Regulation, and Subgroup Dynamics in Global Teams," *Journal of International Business Studies* 45, no. 5 (June–July 2014): 536–61.

240 断層を抱えたチームが成功: Bezrukova et al., "Workgroup Faultlines."

241 「チームとしてのアイデンティティ」: Naomi Ellemers, Dick De Gilder, and S. Alexander Haslam, "Motivating Individuals and Groups at Work: A Social Identity Perspective on Leadership and Group Performance," *Academy of Management Review* 29, no. 3 (2004): 459–78.

242 リーダーがオンラインのソーシャルグループを……: Doreen B. Ilozor, Ben D. Ilozor, and John Carr, "Management Communication Strategies Determine Job Satisfaction in Telecommuting," *Journal of Management Development* 20, no. 6 (2001): 495–507.

243 この疑問の答えを探ろうとした研究者グループ: Donna W. McCloskey and Magid Igbaria, "Does 'Out of Sight' Mean 'Out of Mind'? An Empirical Investigation of the Career Advancement Prospects of Telecommuters," *Information Resources Management Journal* 16, no. 2 (2003): 19–34.

245 リーダーはコロケート環境を前提とした従来型のチームプロセスに取り組むと同時に……: Linda A. Hill, "Building Effective One-on-One Work Relationships," Harvard Business School No. 497-028, October 1996.

## ❖—第8章　リモートチームがグローバル危機に備えるには

257 もともと米陸軍士官学校の用語: Richard H. Mackey Sr., *Translating Vision into Reality: The Role of the Strategic Leader* (Carlisle Barracks, PA: U.S. Army War College, 1992).

264 原産国効果(country-of-origin effect)とは: Robert D. Schooler, "Product Bias in the Central American Common Market," *Journal of Marketing Research* 2, no. 4 (1965): 394–97.

267 メキシコで米国製品不買運動が勃発: Jack Jenkins, "Why Palestinians Are Boycotting Airbnb," ThinkProgress, January 22, 2016, https://archive.thinkprogress.org/why-palestinians-are-boycotting-airbnb-d53e9cf12579/; Ioan Grillo, "Mexicans Launch Boycotts of U.S. Companies in Fury at Donald Trump," *Time, January* 27, 2017, http://time.com/4651464/mexico-donald-trump-boycott-protests/.

267 露骨なハッシュタグ: Grillo, "Mexicans Launch Boycotts."

270 あの時点では連邦政府はいまだ……: David Montgomery, Ariana Eunjung Cha, and Richard A. Webster, "'We Were Not Given a Warning': New Orleans Mayor Says Federal Inaction Informed Mardi Gras Decision Ahead of Covid-19 Outbreak," *Washington Post,* March 27, 2020, https://www.washingtonpost.com/national/coronavirus-new-orleans-mardi-gras/2020/03/26/8c8e23c8-6fbb-11ea-b148-e4ce3fbd85b5_story.html.

270 リーダーが警告を聞き入れないのは……: Erika Hayes James and Lynn Perry Wooten, "Leadership as (Un)usual: How to Display Competence in Times of Crisis," *Organizational Dynamics* 34, no. 2 (2005): 141–52.

271 各レベルの指導者が……: Li Yang Hsu and Min-Han Tan, "What Singapore Can Teach the U.S. About Responding to Covid-19," *Stat,* March 23, 2020, https://www.statnews.

com/2020/03/23/singapore-teach-united-states-about-covid-19-response/.
279 認知的に多様なアプローチ: Katherine W. Phillips, Gregory B. Northcraft, and Margaret A. Neale, "Surface-Level Diversity and Decision-Making in Groups: When Does Deep-Level Similarity Help?," *Group Processes & Intergroup Relations* 9, no. 4 (2006): 467–82.

［著者］

## セダール・ニーリー

Tsedal Neeley

ハーバード・ビジネス・スクール（HBS）のネイラー・フィッツヒュー記念講座組織行動学教授。グローバル戦略やデジタル戦略の策定・実施を通した組織規模拡大手法を主な研究テーマとする。バーチャルワークや大規模変革――グローバル化、デジタル化、アジャイル化など――に関する、企業各社のアドバイザーとしても活躍。ブライトコーブ社、ブラウン・キャピタル・マネジメント社、ハーバード・ビジネス・パブリッシング社、パートナーシップ社取締役。楽天グループの研究機関である楽天ピープル＆カルチャー研究所諮問委員。著書に、楽天のグローバル化の歩みの舞台裏を綴った『英語が楽天を変えた』（河出書房新社）がある。

［訳者］

## 山本 泉

やまもと いずみ

1966年千葉県生まれ。京都大学法学部卒。公務員を経て産業・出版翻訳家。訳書に『イノベーティブ・シンキング』（ダイヤモンド社）、『ハーバード流自分の限界を超える思考法』（アチーブメント出版）、『トランプの真実』（共訳、ダイレクト出版）、『月をくれた伯爵』（ハーレクインMIRA文庫）ほか。

# リモートワーク・マネジメント


発行日　2021年6月28日（初版）

著者　セダール・ニーリー
訳者　山本泉
翻訳協力　株式会社トランネット（https://www.trannet.co.jp/）
編集　株式会社アルク出版編集部
デザイン　竹内雄二
写真　fizkes/Paul Bradbury/iStock
DTP　新井田晃彦（有限会社共同制作社）、鳴島亮介
印刷・製本　萩原印刷株式会社
発行者　天野智之
発行所　株式会社アルク
〒102-0073　東京都千代田区九段北4-2-6　市ヶ谷ビル
Website：https://www.alc.co.jp/

地球人ネットワークを創る

アルクのシンボル
「地球人マーク」です。

・落丁本、乱丁本は弊社にてお取り替えいたしております。
Webお問い合わせフォームにてご連絡ください。
https://www.alc.co.jp/inquiry/





・定価はカバーに表示してあります。
・製品サポート：https://www.alc.co.jp/usersupport/





PC：7021003　ISBN：978-4-7574-3695-4